7

Startklar!

Wirtschaft und Beruf

Erarbeitet von
Kirsten Fricke, Teublitz; Margit Friedlein, München; Hans Hlavacek, Augsburg;
Ralf Kassirra, Tuntenhausen; Silke Schrauth, Bergrheinfeld; Stefanie Theiss, Schwanfeld

Beratung: Simone Fleischmann, Zorneding

Oldenbourg Schulbuchverlag, München

INHALT

Kapitel 1

Verkauf von Muffins am Tag der offenen Tür

Kapitel 2

Arbeit als Lebensgrundlage

Kapitel 3

Welcher Beruf passt zu mir?

Kapitel 4

Vom Wunsch zum Kauf

Kapitel 5

Arbeiten in den Ferien?

Kapitel 6

Technik im Haushalt

M Seiten und Aufgaben für M-Klassen.
An den Würfeln neben den Aufgaben kannst du erkennen, wie schwierig eine Aufgabe ist: Bei Aufgaben mit ⚀ genügt es, wenn du dich erinnerst oder Informationen suchst. Bei Aufgaben mit ⚁ musst du selbst überlegen, um sie zu bearbeiten. Bei ⚂ werden neue Ideen von dir erwartet. Umso mehr Augen ein Würfel hat, desto mehr Zeit musst du für die Aufgaben einplanen.

KAPITEL 1

Verkauf von Muffins am Tag der offenen Tür

Die Klasse 7a hat für einen Projekttag Muffins gebacken, Schablonen für Puderzucker gefertigt und Rezeptkarten gestaltet.

1. *Welche Muffins isst du am liebsten?*
2. *Auf dem Bild siehst du eine Streuschablone. Welches Motiv würdest du für die Gestaltung einer solchen Schablone wählen?*
3. *Welche Produkte kann man an einem Tag der offenen Tür noch verkaufen?*

1. Projektinitiative

Der erste Schritt ist, dass die Schülerinnen und Schüler im Fachunterricht von *Wirtschaft und Beruf* (WiB) gemeinsam besprechen, welche Aktion sie am Tag der offenen Tür durchführen könnten. Die Vorgabe lautet, Produkte oder Dienstleistungen* zu finden, die sich an Besucherinnen und Besucher verkaufen lassen und in den arbeitspraktischen Fächern im Unterricht hergestellt werden können.

* **Dienstleistung** ist eine Arbeit, bei der keine materiellen Güter produziert werden. Die Ergebnisse dieser Arbeit kann man nicht lagern. Gearbeitet wird an Menschen (z. B. beim Friseur oder Arzt) oder an Sachen (z. B. in einer Autowerkstatt oder im Büro).

M 1 Was spricht für den Verkauf von Muffins am Tag der offenen Tür?

Die Schülerinnen und Schüler schreiben Vorschläge auf und sammeln diese auf Wortkarten.
Bald ist klar, dass Muffins gebacken werden sollen. Die Argumente:

- Muffins kann man gut in die Hand nehmen und man muss keinen Teller zum Essen benutzen.
- Muffins backen haben wir im Unterricht bereits gelernt.
- Es gibt viele verschiedene Muffins und wir können uns diejenigen aussuchen, die am besten schmecken.
- Die Zutaten für Muffins sind nicht teuer.
- ...

2. Planung

Ausgehend von der Idee, Muffins im Fach Ernährung und Soziales (ES) herzustellen, überlegen die Schüler gemeinsam mit ihren Lehrkräften in Wirtschaft und Kommunikation (WiK) und Technik (T), was inhaltlich zur Muffin-Produktion passen könnte.

Wenn wir Muffins backen bietet es sich an, dass wir die Rezepte verkaufen. Wir sollten die Rezepte in WiK schreiben und ausdrucken.

Wir könnten die Muffins mithilfe von Streuschablonen verzieren. Diese Schablonen könnt ihr in meinem Technikunterricht herstellen und auch am Tag der offenen Tür verkaufen. Mit ihnen kann man nicht nur Muffins verzieren, sondern auch Cappucino oder heiße Schokolade.

Jetzt bin ich als WiB-Lehrer gefragt: Gemeinsam mit meinen Fachkolleginnen und Fachkollegen erstelle ich für euch einen Leittext.

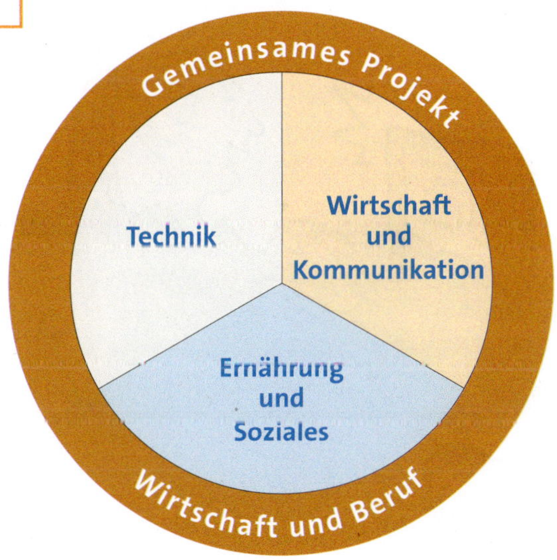

1 **a** Für die Schülerinnen und Schüler der siebten Klassen spricht vieles dafür, Muffins zu verkaufen. Ergänze die Pro-Argumente aus **M 1**.
b Welche Gründe könnten gegen Muffins sprechen? Nenne Kontra-Argumente.

2 Mattheo schlägt vor, die Muffin-Rezepte zu verkaufen. Entwerft in Gruppenarbeit Rezeptblätter, die möglichst viele Käufer ansprechen.

3 Welche Sorte Muffin isst du am liebsten? Ermittelt, ob es in eurer Klasse Vorlieben für bestimmte Muffin-Sorten gibt, die viele von euch besonders gerne essen.

Wie läuft das Muffin-Projekt ab?

3. Durchführung

Ausgestattet mit ihrem Leittext machen sich die Schülerinnen und Schüler ans Werk. In den arbeitspraktischen Fächern wird gesägt, gebacken, getippt und gedruckt.

Im WiB-Unterricht wollen sie herausfinden, zu welchem Preis sich Muffins, Schablonen und Rezeptblätter verkaufen lassen. Die 7a macht eine Umfrage in der Schule („Wie viel würdest du für einen leckeren Muffin bezahlen?“) und die Klasse findet heraus, wie viel Muffins, Streuschablonen und Rezeptblätter kosten, wenn man sie in einem Geschäft kauft.

Weil die Schülerinnen und Schüler sich schon mit dem Thema Werbung befasst haben, gestalten sie für ihren Verkaufsstand attraktive Preislisten, Hinweispfeile und ein Werbeplakat.

Sie denken sogar schon weiter:

- Was passiert mit der Ware, die wir nicht verkaufen können?
- Was machen wir, wenn wir ausverkauft sind und es noch Kunden gibt, die bei uns kaufen möchten?
- Könnten wir Bestellungen aufnehmen und Rezeptblätter und Schablonen nachfertigen?

Endlich ist der große Tag da: In wechselnden Schichten betreuen die Schülerinnen und Schüler ihren Verkaufsstand und machen viele Fotos von ihrer Aktion.

4. Reflexion

Die Nachfrage war am Tag der offenen Tür groß: Alle Muffins wurden verkauft, von den Rezeptblättern müssen noch einige nachgeliefert werden. Von den Schablonen sind einige übrig geblieben. „Was machen wir mit denen?", will Jonas wissen. Die Techniklehrerin Frau Ertl schlägt vor, sie als Ansichtsexemplare für zukünftige Klassen in der Schule zu lassen.
Insgesamt sind die Schülerinnen und Schüler mit ihrer Aktion zufrieden. Nach Abzug aller Kosten haben sie 120 Euro für die Klassenkassen verdient.
„Neben dem Gewinn sind aber noch andere Dinge wichtig, wenn man ein Projekt rückblickend beurteilt", erklärt Herr Braun, der WiB-Lehrer: „Was war gut? Was können wir bei unserem nächsten Projekt besser machen?" Jede Schülerin und jeder Schüler erhält einen Reflexionsbogen, in dem die Erfahrungen und Eindrücke eintragen werden.

5. Präsentation

Im Anschluss an den Tag der offenen Tür muss jede Schülerin und jeder Schüler den Ablauf aus persönlicher Sicht vorstellen.

1 Welche Kosten fallen für die Produktion von Muffins, Streuschablonen und Rezeptblättern an? Schätzt die Kosten und Einnahmen ab und stellt sie einander gegenüber.

2 Welche Aktionen würdet ihr mit eurer Klasse gerne durchführen? Sammelt Ideen in der Klasse.

3 Gestalte ein Plakat, mit dem die Klassen 7a und 7Ma für ihren Verkaufsstand werben könnten.

Wie arbeite ich mit einem Leittext?

Für die Klassen 7a und 7Ma war dieses Projekt das erste, an dem auch die neuen arbeitspraktischen Fächer Ernährung und Soziales (ES), Technik (T) und Wirtschaft und Kommunikation (WiK) beteiligt waren.

Ein Leittext hat die Schülerinnen und Schüler bei ihrer Arbeit angeleitet. Du erinnerst dich an die 5. und 6. Klasse. Aus diesen Teilen ist ein Leittext aufgebaut:

M1 Beiträge zum Projekt

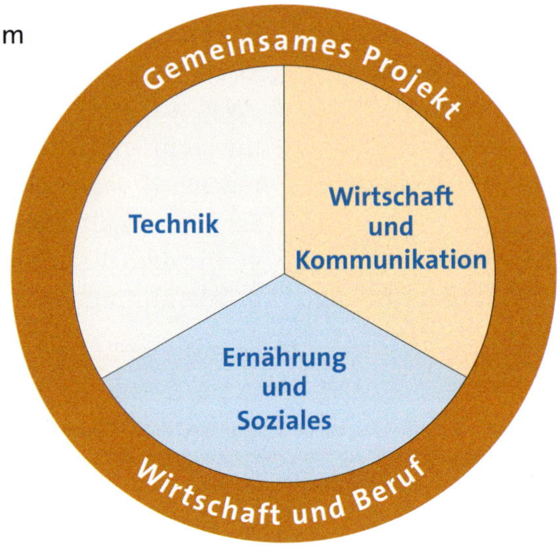

M2 Aus diesen Teilen ist ein Leittext aufgebaut

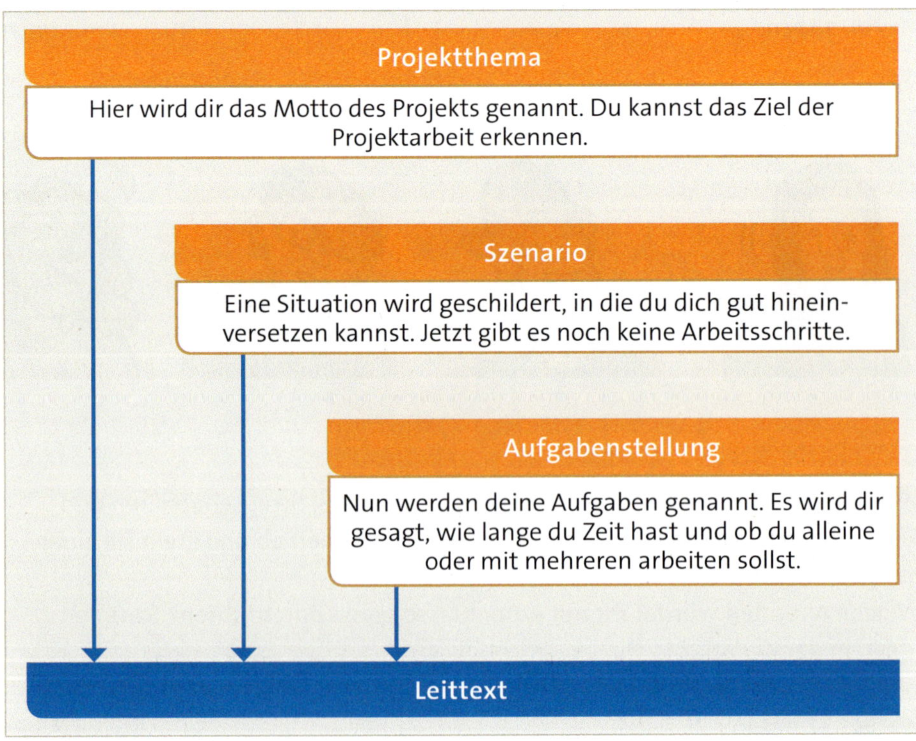

Das Szenario beschreibt kurz den Anlass, für den du tätig wirst. Auch wenn noch keine konkreten Arbeitsschritte genannt werden, erfährst du hier, was von dir verlangt wird.

M 3 Das Szenario

Muffins für unseren Tag der offenen Tür

Auch in diesem Schuljahr gibt es wieder einen Tag der offenen Tür an unserer Schule. Dafür plant ihr einen Verkaufsstand. Eure Aufgabe ist es, die Besucherinnen und Besucher mit leckeren Muffins zu verköstigen.
Die Muffins backt ihr im Unterricht „Ernährung und Soziales".
Der Clou bei euren Muffins ist die Verzierung aus Puderzucker oder Kakao, die ihr mithilfe einer Schablone aufbringt. Diese Schablonen stellt ihr im Technikunterricht aus Acrylglas her und bietet sie auf dem Tag der offenen Tür zum Verkauf an.
Damit unsere Besucher die leckeren Muffins nachbacken können, erstellen wir im Unterricht Wirtschaft und Kommunikation Rezeptblätter.
Im Fach WiB erstellt ihr den Projektplan und macht eine Ein- und Ausgaben-Rechnung. Am Ende reflektiert ihr wie das Projekt abgelaufen ist.

1 Erkläre mit eigenen Worten, aus welchen Teilen ein Leittext besteht.

2 Hast du schon einmal einen „Tag der offenen Tür" miterlebt? Berichte deinen Mitschülerinnen und Mitschülern davon.

Welche Aufgaben müssen erledigt werden?

M1 Aufgabenteil des Leittextes

Das müsst ihr tun	
1. Tag	– Zunächst liest jeder den Leittext komplett und gründlich durch. – Ihr besprecht eure Aufgaben in der Gruppe und klärt den Inhalt des Textes im Klassenverband.
	Ernährung und Soziales/Technik/Wirtschaft und Kommunikation: – Zur Produktion eurer Waren erhaltet ihr in den arbeitspraktischen Fächern eigene Leittexte.
2. Tag	Besprecht gemeinsam in der Klasse: – Wie viel Geld wollt ihr für eure Waren verlangen? – Ermittelt die durchschnittlichen Materialkosten für einen Muffin. – Wie viel Geld sind eure Kunden bereit für einen Muffin, eine Streuschablone oder ein Rezeptblatt zu bezahlen? – Was passiert, wenn ihr nicht genügend oder zu viele Waren habt? – Könnt ihr Nachbestellungen annehmen? – Erstellt Preisschilder und Werbeplakate für euren Verkaufsstand.
3. Tag	– Am Tag der offenen Tür verkauft ihr eure Muffins, Schablonen und Rezeptkarten. Fotografiert euren Verkaufsstand bevor ihr ihn eröffnet. – Schreibt genau auf, wie viel Ware ihr zu welchem Preis verkauft habt.
4. Tag	– Kassensturz: Erstellt eine Ein-Ausgaben-Rechnung. Habt ihr Gewinn erzielt oder Verlust gemacht? Mit welchem Produkt wurde am meisten verdient? – Macht euch Gedanken darüber, wie euer Projekt gelaufen ist. Was war gut, was war nicht so gut? Füllt den Reflexionsbogen aus, den ihr von eurer Lehrkraft erhaltet.

Jetzt geht's los!

Die Schüler und Schülerinnen aus der Klasse 7Mb überlegen, welches Projekt sie durchführen wollen. Sie denken sich erst ein Motto aus. Danach suchen sie nach Aufgaben, bei denen sie in den drei arbeitspraktischen Fächern zu diesem gemeinsamen Thema arbeiten können.

1 M Welche Projekte wurden an eurer Schule schon durchgeführt? Fragt nach.

2 M Erarbeitet in Gruppen selbst Projektideen und besprecht diese Ideen mit euren Fachlehrkräften.

3 M Prüft eure Ideen: Welche lassen sich leicht umsetzen, welche bereiten wahrscheinlich Probleme?

KAPITEL 2

Arbeit als Lebens-grundlage

Menschen müssen arbeiten, um sich ihren Lebensunterhalt zu verdienen. Es gibt viele verschiedene Berufe, die ganz unterschiedliche Anforderungen und Arbeitsbedingungen haben.

1. *Beschreibe das Bild. Was ist daran ungewöhnlich?*
2. *In welchem Beruf könnte die Person auf dem Bild arbeiten?*

Mehmet macht eine Ausbildung

In den letzten beiden Schuljahren hast du bereits verschiedene Arbeitsplätze zuhause und in der Schule erkundet. Dabei haben wir sie nach verschiedenen Merkmalen unterschieden. Dieses Jahr wollen wir uns Arbeitsplätze in Betrieben genauer ansehen – nicht nur nach den bereits bekannten Merkmalen. Wir wollen vielmehr herausfinden, welche Ausbildungsplätze es in den Betrieben gibt. Wenn du nach der 9. Klasse die Schule verlässt, musst du dich im nächsten Schuljahr für einen Ausbildungsplatz bewerben. Auch Mehmet stand letztes Jahr vor dieser Entscheidung.

M 1 Mehmets Interessen

1 **a** Ordne die fett gedruckten Begriffe in Mehmets Bericht den Merkmalen (**M 3**) zu.

b Finde im Bericht (**M 2**) weitere Beispiele für die Arbeitsplatzmerkmale eines Altenpflegers.

2 Bevor man sich für eine Ausbildung entscheidet, sollte man sich über viele Berufe informieren. Welche Berufswünsche hat Mehmet noch in Erwägung gezogen? (**M 1**)

3 Was könnte Mehmet bewogen haben, sich für die Ausbildung als Altenpfleger zu entscheiden? Nimm bei der Beantwortung der Frage **M 2** zu Hilfe.

4 Kannst du für einen weiteren möglichen Beruf von Mehmet Arbeitsplatzmerkmale finden? Berichte.

M 2 Mehmet berichtet

„Letzte Woche war eine Schülergruppe aus meiner ehemaligen Mittelschule Scheinfeld bei mir im **Altenheim** zu einem Unterrichtsgang. Ich habe mit ihnen über meine Arbeit hier im Betrieb gesprochen. Ich bin jetzt im zweiten Ausbildungsjahr zum Altenpfleger. Natürlich wollten sie als erstes wissen, was mich dazu bewegt hat, ausgerechnet mit alten Leuten zu arbeiten. Klar ist es manchmal schwer, sich um die Leute zu kümmern. Es ist **körperlich anstrengend**, wenn ich zum Beispiel jemanden aus dem Bett in den Rollstuhl heben muss. Und natürlich fallen auch mal Aufgaben an, die man nicht so gerne macht – beispielsweise, wenn die alten Leute nicht mehr alleine zur Toilette können. Man braucht viel Geduld, weil vieles einfach langsamer geht und die älteren Menschen sich manches nicht mehr so gut merken können. Andererseits macht es mir viel Freude die Leute zum Lachen zu bringen und ich höre mir gerne ihre Geschichten von früher an. Deshalb bleibe ich auch manchmal nach meiner Schicht gerne noch ein paar Minuten. Normalerweise arbeite ich in der Ausbildung werktags von **8–16 Uhr**. Später fällt natürlich auch Schichtdienst rund um die Uhr und Wochenendarbeit an, da die alten Menschen ja immer von uns versorgt werden müssen. Wenn ich ausgelernt habe, kann ich nicht nur im Altenheim arbeiten, sondern auch in ambulanten Pflegeeinrichtungen, Sozialstationen, in Rehakliniken, Krankenhäusern oder privaten Haushalten. Am schönsten an dem Beruf ist, dass man in verschiedenen Bereichen arbeiten kann und es nie langweilig wird: Morgens helfe ich in der Küche dabei das Frühstück und die Tabletten für die einzelnen Patienten herzurichten. Dann werden die Leute für den Tag fertig gemacht, das heißt gewaschen, angezogen und zum Beispiel in den Rollstuhl gesetzt. Nach dem Frühstück gibt es häufig kreative Angebote für die Bewohner. Wir basteln und singen zum Beispiel gemeinsam. Auch die medizinische Überwachung, wie zum Beispiel **Blutdruck messen** gehört dazu. So hat der ganze Tag seinen festgelegten Ablauf, bis die Senioren abends wieder im Bett liegen. Wenn man sieht, wie dankbar die Menschen sind und überlegt, dass man später wahrscheinlich auch einmal Hilfe braucht, entschädigt das für vieles."

M 3 Arbeitsplatzmerkmale

Arbeitsort

Arbeitsmittel

Arbeitszeit und Arbeitsdauer

Arbeitsaufgabe und Tätigkeiten

Arbeitsbedingungen

Welche Einteilungen von Arbeit gibt es?

M1 Kategorien von Arbeit

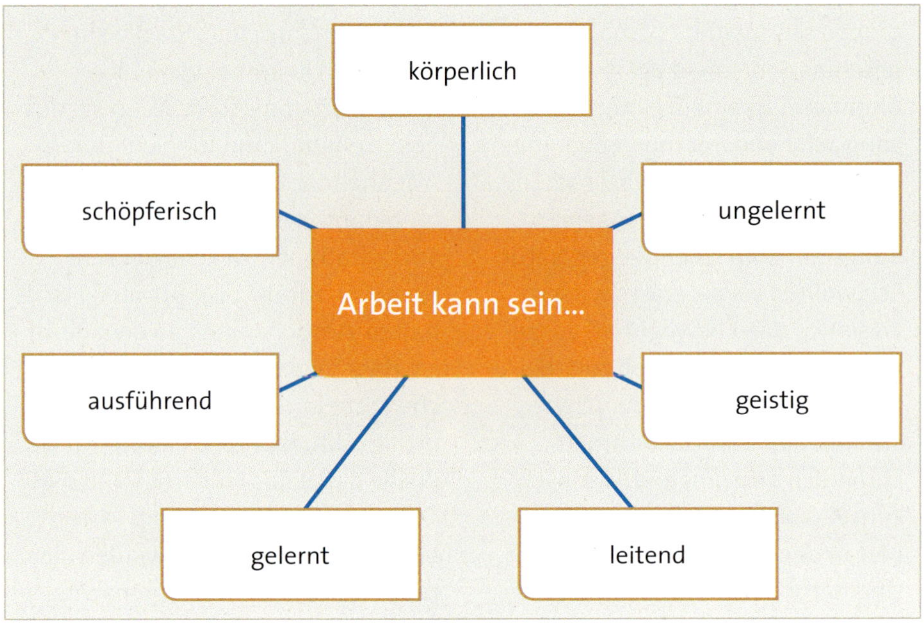

M2 Tischlerin

Carmen J. ist gelernte Tischlerin. Sie ist angestellt in einer kleinen Schreinerei und fertigt dort hauptsächlich Auftragsarbeiten von Kunden an. Das kann körperlich anstrengend sein.

M3 Ungelernte Arbeiterin

Elena F. wollte nach ihrem Mittelschulabschluss schnell Geld verdienen und hat sich dafür entschieden, keine Ausbildung zu machen. Sie wurde in einem Industriebetrieb in die Arbeit eingewiesen und arbeitet jetzt dort als ungelernte Arbeitskraft.

M4 Bankkaufmann

Peter P. hat nach seinem mittleren Abschluss an der Mittelschule eine Ausbildung zum Bankkaufmann gemacht. Er hat große Verantwortung, da er seit ein paar Monaten in leitender Funktion tätig ist.

M5 Konditor

Vitali M. wollte gerne einen kreativen Beruf ausüben. Deswegen hat er sich nach seiner ersten Ausbildung zum Bäcker entschieden, noch eine zweite Ausbildung zum Konditor zu absolvieren. Bei der Gestaltung von Hochzeitstorten kann er jetzt sein künstlerisches Geschick besonders gut beweisen.

M6 Maler- und Lackiererin

Nicole M. macht eine Ausbildung als Maler- und Lackiererin in der Fachrichtung Gestaltung und Instandhaltung. Sie arbeitet in Wohnungen, die renoviert werden, aber auch auf richtigen Baustellen. Dass Frauen in diesem Männerberuf tätig sind, ist noch die Ausnahme. Nicole ist körperlich fit und schwindelfrei, denn sie muss auch auf hohen Gerüsten arbeiten.

1 M1 zeigt unterschiedliche Kategorien Arbeit einzuteilen. Welche Gegensätze findest du?

2 Berufe passen nicht immer nur in eine Einteilung. Erkläre.

3 Die Beispiele auf den Fotos passen zu verschiedenen Kategorien von Arbeit. Ordne zu.

4 Notiere für jede Kategorie vier weitere Berufe, z.B.: körperlich – Maurer/in, Fliesenleger/in, Koch/Köchin, Bäcker/in

* **Wirtschaftssektor** bedeutet ein Bereich der Wirtschaft (von lateinisch Sektor: Bereich). Die Sektoren werden unterschieden in:
primären Sektor – der zuerst vorhandene
sekundäre Sektor– an zweiter Stelle stehend
tertiäre Sektor – an dritter Stelle stehend

Menschen arbeiten in vielen verschiedenen Berufen und an unterschiedlichen Arbeitsplätzen. Einige Berufe und Arbeitsplätze lassen sich nach ihren Eigenschaften zusammenfassen. Die Einteilung nach Wirtschaftssektoren * ist weit verbreitet.

M1 Einteilung in Wirtschaftssektoren

Wirtschaftssektoren

Urproduktion primärer Bereich	**produzierendes Gewerbe** sekundärer Bereich	**Dienstleistungen** tertiärer Bereich
Im ersten Bereich werden die Rohstoffe zur Weiterverarbeitung abgebaut und ausgeliefert. Hier geht es also um die Beschaffung der noch unverarbeiteten Güter direkt aus der Natur.	Im zweiten Bereich werden die Rohstoffe des ersten Sektors weiterverarbeitet. Hier benötigt man also viele Maschinen und Rohstoffe zur Weiterverarbeitung.	Im dritten Bereich werden Dienstleistungen aller Art bereitgestellt. Alle Berufe, die nicht zu den ersten beiden Sektoren gehören, werden hier eingeordnet.
Landwirtschaft, Fischerei, Forstwirtschaft, Bergbau	Industrie, Handwerk, Baugewerbe, Energie- und Wasserversorgung	Verkauf, Verwaltungen, Gesundheits- und Sozialwesen, Schulen, Banken, Versicherungen, Hotel- und Gastgewerbe, Transportgewerbe, Informationstechnologie ...

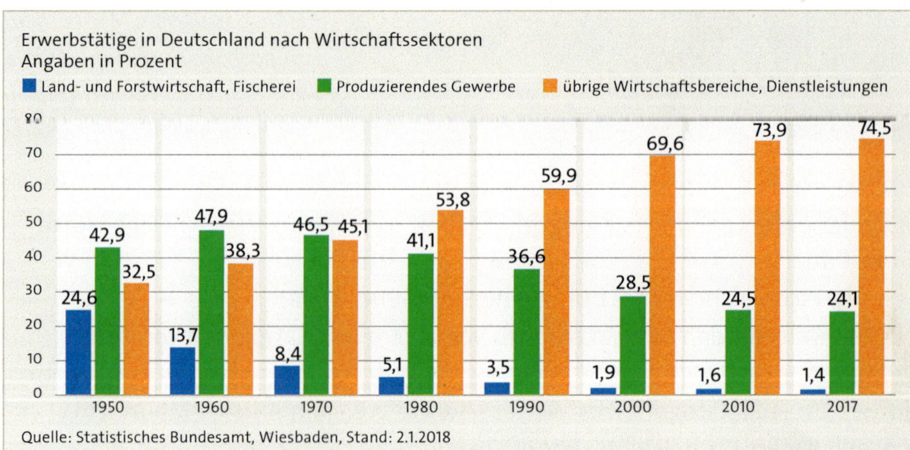

M2 Gestern und heute: In diesen Bereichen arbeiten die Erwerbstätigen

Neben der Einteilung nach Wirtschaftssektoren gibt es noch viele weitere Möglichkeiten Berufe einzuteilen. Wenn du noch unsicher bist, welcher Bereich der richtige für dich sein könnte, kannst du dich mithilfe der folgenden Einteilung orientieren.

M 3 Ein weiteres Ordnungssystem für Berufe – der Berufeschrank

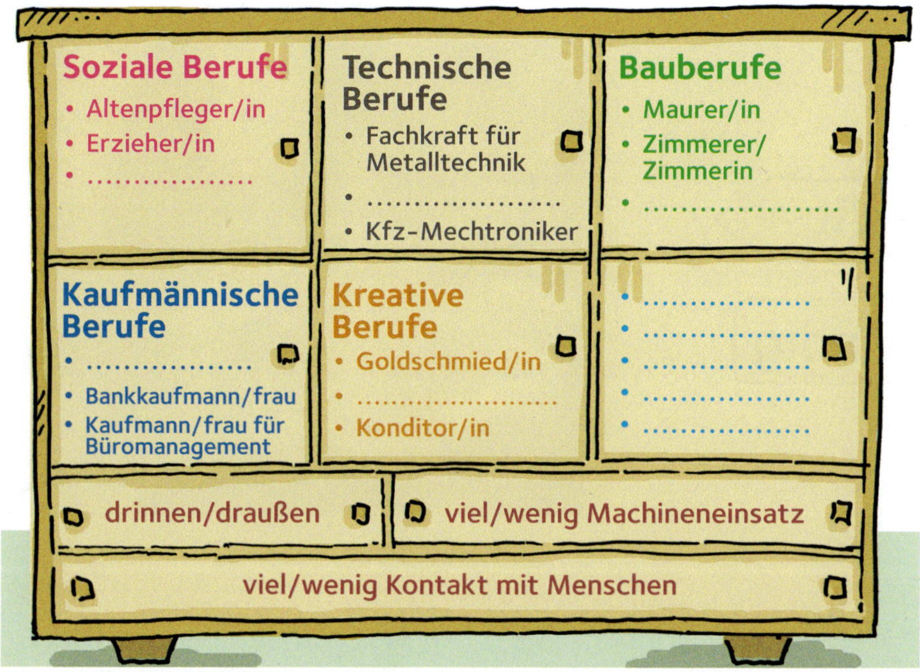

Bei dieser Einteilung werden soziale, technische, kaufmännische, kreative Berufe und Bauberufe unterschieden. Wenn du künstlerisch veranlagt bist, sind eher die kreativen Berufe für dich geeignet. Hast du schon immer Spaß an Zahlen und Mathematik, findest du vielleicht einen Beruf aus dem kaufmännischen Bereich. Zunächst kannst du dir überlegen, ob du lieber draußen unter freiem Himmel oder drinnen in geschlossenen Räumen arbeiten möchtest.

1 Beschreibe die Wirtschaftssektoren aus **M 1** mit eigenen Worten.

2 Die Grafik **M 2** zeigt den Anteil der Erwerbstätigen nach Wirtschaftsbereichen früher und heute. Welche Entwicklung kannst du erkennen?

3 **a** Ordne die Berufe aus deinem Umfeld den Bereichen aus **M 1** zu. Lege dazu eine Strichliste an.

b Sammelt eure Ergebnisse in der Klasse und berechnet die Prozentanteile für die drei Sektoren in Mathematik. Was stellt ihr fest?

4 M Wie könnte man Berufe noch ordnen? Erweitert den Berufeschrank **M 3**.

5 M Erstellt eine Wandzeitung (siehe Methode Seite 30/31) mit dem Thema „Wir sortieren Berufe“. Bezieht die Fächer Deutsch und Kunst mit ein.

Karinas Traum von der Selbstständigkeit

Ich arbeite jetzt schon seit einigen Jahren hier im Friseursalon von Herrn Langenberger. Ich habe schon immer davon geträumt, einmal meinen eigenen kleinen Friseursalon zu haben. Dort würde ich gerne auch Typ- und Stilberatung anbieten. Ich wüsste schon genau, wie mein Salon aussehen würde...

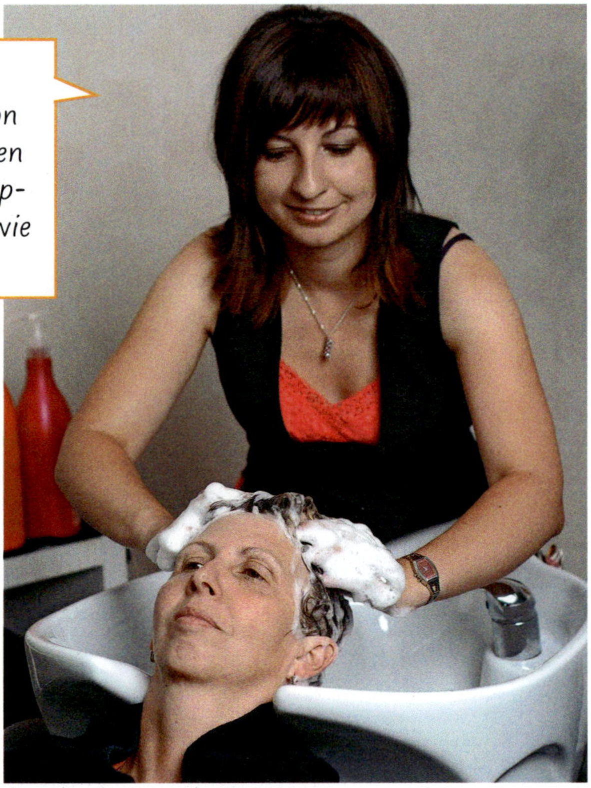

M 1 Karinas Traum

Herr Langenberger hat sich vor vielen Jahren entschieden, auf jeden Fall im kreativen Bereich zu arbeiten. Er hat seinen Weg im Dienstleistungssektor mit einer Ausbildung zum Friseur begonnen. Diese Arbeit hat ihm sehr gut gefallen, weil er gerne Kunden berät und sich freut, wenn sie seinen Salon zufrieden verlassen. Nach seiner Ausbildung hat Herr Langenberger sich entschlossen, spater einmal den Friseurbetrieb seines Vaters zu übernehmen. Inzwischen führt er dieses Geschäft mit fünf Angestellten und hat eine weitere Filiale mit drei Beschäftigten im Nachbarort eröffnet.

Immer wieder wird Herrn Langenberger angesprochen, warum ein Besuch beim Friseur so teuer ist. „Viele Kunden bedenken nicht, welche Kosten mit einem eigenen Betrieb verbunden sind“, gibt Herr Langenberger zu bedenken. Neben den hohen Ausgaben für Personal und Miete fallen auch Kosten für das Verbrauchsmaterial (Haarfarben, Gel, Pflegeprodukte...) und die Werkzeuge (Scheren, Föne,...) an. Beide Betriebe verursachen monatlich hohe laufende Kosten*.

Zusätzlich hat Herr Langenberger Ausgaben für Werbeaktionen, Reparaturen, Fortbildungsveranstaltungen und ähnliches. Nach Abzug aller Kosten muss für Herrn Langenberger noch ein angemessener Gewinn übrig bleiben, damit er und seine Familie von den Einnahmen gut leben können.

M2 Laufende Kosten* eines Friseurbetriebs

Personalkosten	Sachkosten
Das sind die Kosten für die Mitarbeiterinnen und Mitarbeiter:	**Das sind die Kosten für die Bereitstellung und Ausstattung der Arbeitsräume:**
▪ Lohn ▪ Sozialversicherungsbeiträge ▪ Sonderzahlungen wie Urlaubs- oder Weihnachtsgeld	▪ Miete ▪ Strom ▪ Wasser ▪ Heizung ▪ Arbeitsmittel

* **Laufende Kosten** sind Ausgaben, die immer bezahlt werden müssen, egal wie gut der Betrieb läuft.

Viele Menschen, besonders die, die im Handwerk arbeiten, wollen sich im Laufe ihres Arbeitslebens selbstständig machen und ihr eigener Chef oder ihre eigene Chefin sein. Das hat große Vorteile, aber es gibt natürlich auch viel zu beachten. Karinas Mutter hat Bedenken gegenüber einer selbstständigen beruflichen Tätigkeit.

Bei einer Selbstständigkeit kann doch wirklich viel schiefgehen. Im Salon von Herrn Langenberger musst du dich nicht um den Papierkram kümmern. Und muss man nicht einen Meisterbrief haben, damit man sich überhaupt selbstständig machen darf?

1 Nenne Gründe, warum Karina davon träumt, sich selbstständig zu machen.

2 Einige Kunden wundern sich über die hohen Preise beim Friseur Langenberger. Notiere, wofür er monatlich Geld ausgeben muss.

3 Für Karina stellt sich die Frage: Abhängige Beschäftigung oder unternehmerische Selbstständigkeit? Klärt die Fachbegriffe im Unterrichtsgespräch.

4 Hat Karinas Mutter wirklich Recht? Recherchiere, ob man einen Meisterbrief braucht, um sich selbstständig zu machen.

5 M Herr Langenberger begründet einem Kunden die nötige Preiserhöhung. Stellt in einem Rollenspiel dieses Gespräch nach.

M Soll Karina es wagen?

M1 Chancen und Risiken von Selbstständigkeit

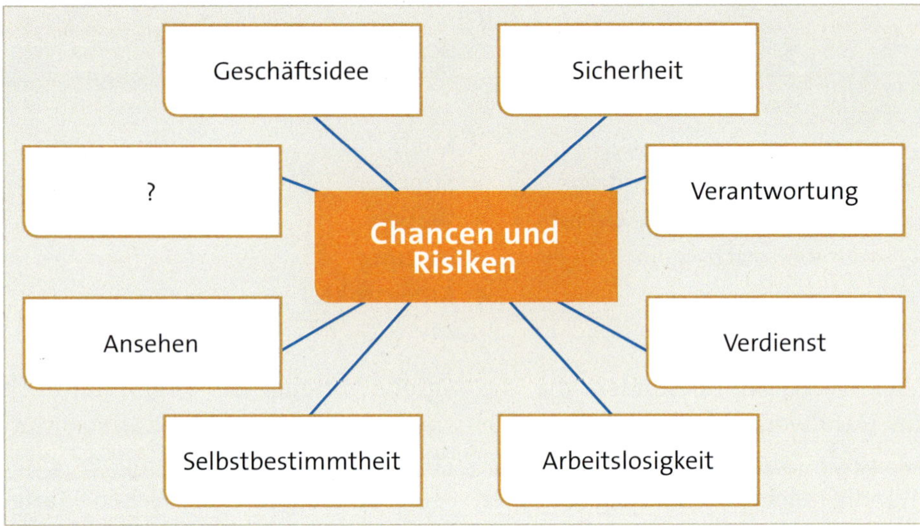

Es gibt viele verschiedene Motive, die Menschen dazu bewegen, den Schritt in die Selbstständigkeit zu wagen. Karina will sich selbstständig machen, weil sie von ihrer Geschäftsidee überzeugt ist. Mit ihrer Arbeit bei Herrn Langenberger ist sie trotz des guten Arbeitsklimas auf Dauer nicht zufrieden. Sie möchte in Zukunft lieber selbstbestimmt arbeiten und hofft auch auf ein höheres Einkommen. Deshalb hat sie sich an Frau Durmaz vom Gründerzentrum ihrer Heimatstadt gewandt. Diese hat sich vor zehn Jahren mit einer Schreinerei selbstständig gemacht und kann Karina bei ihrer Entscheidung unterstützen. Gemeinsam haben sie zunächst die Chancen und Risiken einer unternehmerischen Selbstständigkeit betrachtet. Dann haben sie den Weg zu einer erfolgreichen Existenzgründung besprochen.

M2 Ein möglicher Weg in die Selbstständigkeit

Anschließend erklärt Frau Durmaz Karina die Selbstständigkeit sehr anschaulich anhand eines Pflänzchens, das man hegen und pflegen muss, damit der Traum von der Selbstständigkeit erblühen kann.

M3 Pflanze des Erfolgs

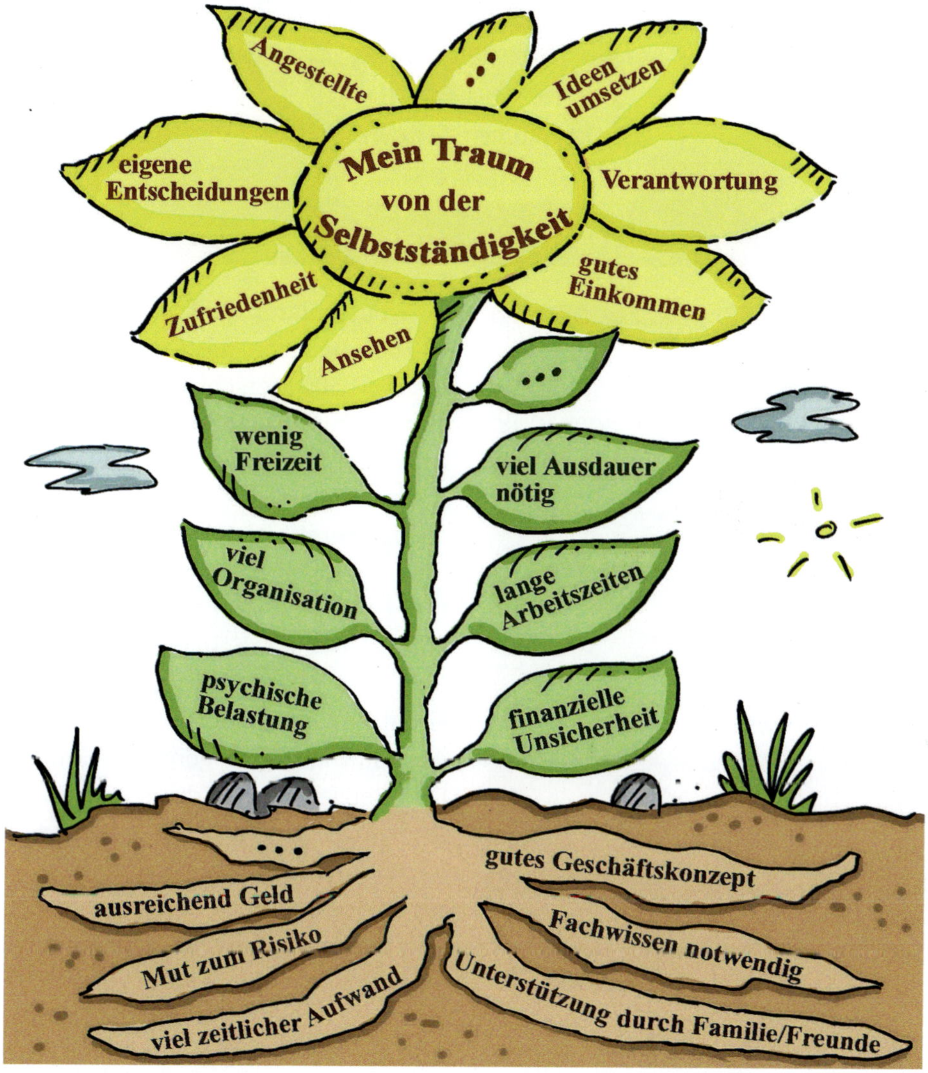

Wenn man die Schwierigkeiten überwunden hat, ist man an der Blüte, angelangt und hat sein Ziel erreicht.

Die Blätter am Stängel zeigen die Schwierigkeiten auf, die auf dem Weg in die Selbstständigkeit zu meistern sind.

Die Wurzeln stehen für die Grundlagen, die man mitbringen muss, damit das Pflänzchen überhaupt wachsen kann.

1 a M Ordne die Begriffe in M1 zu. Sind es Chancen oder Risiken?
b M Diskutiert, welche Begriffe sich nicht eindeutig zuordnen lassen.

2 M Frau Durmaz zeigt Karina den Weg in die Selbstständigkeit (M2) auf. Erkläre diesen Weg deiner Partnerin oder deinem Partner mit eigenen Worten.

3 M Erklärt im Unterrichtsgespräch die Abbildung M3. Wofür stehen die einzelnen Teile?

4 M Versetzt euch nun in die Rollen von Karina und Frau Durmaz und spielt die Beratung in einem Rollenspiel nach.

Wir bereiten eine Zugangserkundung vor

M1 In einer Kfz-Werkstatt

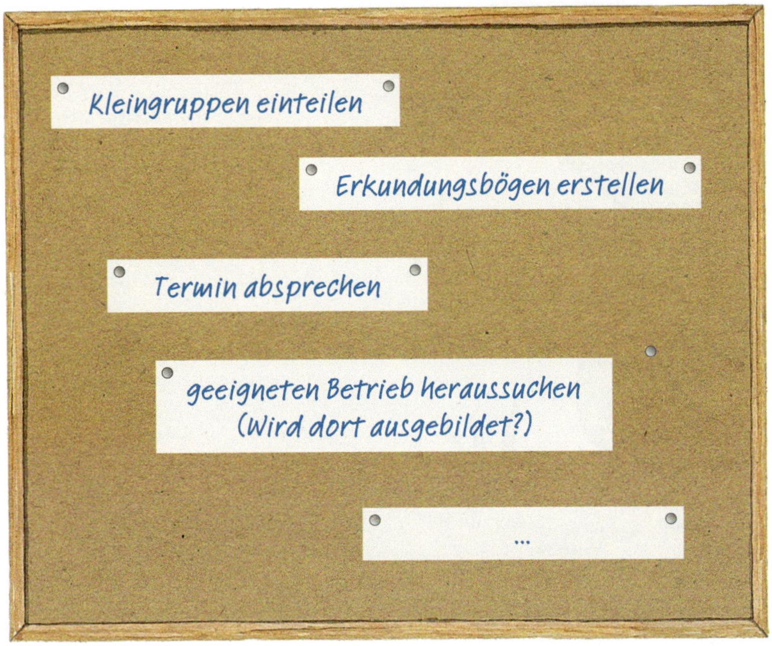

M2 Vorbereitung einer Erkundung: Erinnerst du dich noch?

In Deutschland gibt es ungefähr 400.000 Betriebe, die Auszubildende in über 300 verschiedenen Ausbildungsberufen ausbilden. Auch in deinem direkten Umfeld gibt es mehr Ausbildungsstellen als du denkst. Da du dich bereits im nächsten Schuljahr für eine Ausbildung entscheiden solltest, ist es jetzt wichtig, einen ersten Einblick in die Arbeitswelt zu bekommen. Bei einer Zugangserkundung lernst du einen Betrieb und seine Ausbildungsplätze genauer kennen. Den Betrieb kannst du deinen Klassenkameradinnen und -kameraden vorstellen. Dadurch erhalten alle in der Klasse Informationen über die verschiedenen Betriebe und die Ausbildungsstellen in deiner Region.

1 Welche Informationen sollen im Betrieb gesammelt werden? Besprecht die Vorschläge im Klassengespräch.

2 **a** Welche Betriebe in deiner Region kennst du? Schreibe sie auf.
b Bilden diese Betriebe auch aus? Wenn du dir nicht sicher bist, recherchiere, ob sie ausbilden.
c Legt gemeinsam in der Klasse eine Liste der Betriebe an.

3 Erstellt in Gruppenarbeit einen Erkundungsbogen. Tipp: Nehmt die Hinweise von Aufgabe 1 mit auf, fragt nach Arbeitsplatzmerkmalen und den Ausbildungsmöglichkeiten.

4 M Führt mithilfe des Leittextes (M3) eine Zugangserkundung durch.

M 3 Leittext für eine Zugangserkundung

Zugangserkundung

Um einen ersten Einblick in die Arbeitswelt zu bekommen, führt ihr selbstständig eine Zugangserkundung durch. In Kleingruppen erkundet ihr einen Ausbildungsbetrieb eurer Wahl. Die Ergebnisse eurer Erkundung präsentiert ihr in der Klasse.

Das müsst ihr tun	
	Teilt euch zunächst in Gruppen ein. Beachtet dabei eure Interessen, aber auch, dass ihr die Möglichkeit haben müsst, gemeinsam nach dem Unterricht eine Arbeitsplatzerkundung in einem Betrieb durchzuführen. (z.B. Bahn- oder Busfahrplan, verplante Zeiten, feste Termine)
	Zuerst liest jede bzw. jeder den Leittext komplett und gründlich durch. Ihr besprecht eure Aufgaben in der Gruppe und klärt alles Nötige.
	Ihr müsst euch nun auf die Erkundung vorbereiten. Einigt euch auf einen Betrieb und vereinbart einen Termin. Notiert euch vor dem Telefonat Stichpunkte, damit ihr nichts vergesst. (Grüßen; Vorstellen; höflich Nachfragen; Tag und Uhrzeit ausmachen; Gruppengröße ankündigen; fragen, ob man Fotos machen darf; was gibt es zu beachten; sich bedanken und verabschieden...)
	Bereitet einen Erkundungsbogen vor. Teilt euch die anfallenden Aufgaben in der Gruppe auf. (Interviewer/in, mindestens zwei Schreiber/innen, die sich die Fragen aufteilen, Fotograf/in, ...)
	Bevor ihr in der Gruppe zur Erkundung aufbrecht, muss sich jede bzw. jeder von euch über die Sicherheitsbestimmungen informieren. Lies dazu die Seiten 28/29 aufmerksam durch. Hier findest du die Bedeutung einiger Sicherheits-Symbole.
	Zu dem vereinbarten Termin führt ihr selbstständig die Zugangserkundung in eurem Betrieb durch. Denkt dabei an die gelernten Benimmregeln (Seite 28, M1). Stellt eure Fragen und füllt den Bogen aus. Ihr benötigt ihn später für die Präsentation eures Betriebes
	Erstellt zusammen eine angemessene Präsentation. Ihr habt die Wahl zwischen einem Infoplakat, einer PC-Präsentation oder einer gemeinsamen Wandzeitung (siehe S. 30/31). Jede bzw. jeder übernimmt dabei eine Aufgabe.
	Präsentiert eure gesammelten Ergebnisse in der Klasse. Beachtet den ausgehängten Zeitplan.
	Bedankt euch mit einem kurzen Brief bei eurem Betrieb, dass ihr die Erkundung dort durchführen durftet.
	Ihr bekommt von eurer Lehrkraft einen Reflexionsbogen zu dieser Erkundung. Jede bzw. jeder füllt ihn gewissenhaft und ehrlich für sich selbst aus.

Unsere Zugangserkundung

M1 Darauf muss man achten

Diese Ausrüstung muss in vielen Berufen getragen werden, um sich vor Verletzungen zu schützen.

Wenn ihr als Schülerinnen oder Schüler alleine in einem fremden Betrieb unterwegs seid, müsst ihr einiges beachten. Neben den allgemeinen Umgangsformen muss vor allem Sorge getragen werden, dass ihr die Abläufe im Betrieb nicht behindert. Nehmt auf die Vorgänge im Betrieb Rücksicht, ihr seid nur Besucher.

Fragt nach, ob ihr Fotos machen dürft. In manchen Firmen ist dies aus betrieblichen Gründen verboten. In vielen Betrieben kann man zumindest in bestimmten Abteilungen fotografieren. Aber auch wenn ihr die Erlaubnis eines Verantwortlichen dafür habt, fragt, wenn ihr Personen ablichten wollt noch einmal einzeln nach deren Erlaubnis.

Ganz wichtig ist es, die Sicherheitsvorschriften in den Betrieben zu beachten. Das Befolgen von diesen Regeln schützt euch selbst vor Verletzungen. Auch die Betriebsangehörigen müssen sich darauf verlassen können, dass ihr sie nicht unwissentlich gefährdet. Hier geht es nicht nur um Höflichkeit, sondern um die Gesundheit und eventuell sogar das Leben von Menschen.

Schilder helfen dir, diese Sicherheitsvorschriften zu erkennen.

Warnzeichen erkennst du daran, dass sie gelb-schwarz sind. Folgende sind besonders wichtig:

M2 Warnzeichen

Warnung vor Flurförderzeugen

Warnung vor gefährlicher elektrischer Spannung

Warnung vor einer Gefahrenstelle

Warnung vor schwebender Last

Warnung vor giftigen Stoffen

Verbotszeichen sind immer in den Farben rot-schwarz gehalten. Hier kommt es darauf an, dass du dich den Regeln entsprechend verhältst.

M3 Verbotszeichen

Rauchen verboten	*Feuer, offenes Licht und Rauchen verboten*	*Für Fußgänger verboten*	*Kein Trinkwasser*	*Mit Wasser löschen verboten*

M4 Schritte zur Zugangserkundung

Vorbereitung der Erkundung → Durchführung in Gruppen → Nachbereitung: Präsentation und Reflexion

M5 Tipps zur Reflexion

In der Gruppe		Bei mir selbst
Da haben wir super zusammen gearbeitet.		Da war ich richtig stolz auf mich.
Wir waren mit unserem Ergebnis zufrieden.		Mein Ergebnis / meine Mitarbeit war gut.
Das könnten wir das nächste Mal noch verbessern.		Da brauchte ich die Hilfe meiner Gruppe.
Das haben wir nicht gut abgesprochen.		Das lief bei mir noch nicht gut.

1 Betrachte **M1**. Besprich mit deiner Partnerin oder deinem Partner, warum diese Punkte bei einer Erkundung wichtig sind.

2 Das Thema Sicherheit im Betrieb hat eine große Bedeutung. Benenne den Unterschied zwischen Warn- und Verbotszeichen (**M2** und **M3**).

3 Führt in Gruppen eine Zugangserkundung in einem Ausbildungsbetrieb durch.

4 Erstellt in Gruppen eine Präsentation nach eurer Erkundung.

5 Reflektiert die Vorbereitung, Durchführung und Nachbereitung(Präsentation) eurer Erkundung. **M5** hilft euch dabei.

Eine Wandzeitung stellt verschiedene Bereiche eines Themas übersichtlich und anschaulich dar. An diesem Beispiel sieht man, wie man eine Wandzeitung strukturieren kann.

1. Schritt: Vorbereitung

Das Wichtigste an dieser Arbeit ist, dass ihr als Klasse gemeinsam ein Projekt erarbeitet. Jede Gruppe trägt einen Teil zum Gesamtergebnis bei. Absprachen untereinander sind hier immer wieder nötig. Habt ihr eure Gruppen bereits eingeteilt? Dann geht es los.
Ihr habt also ein Thema gefunden, zu dem ihr eine Wandzeitung erarbeiten möchtet. Zunächst einmal müsst ihr ein paar Dinge für die Erstellung eurer Wandzeitung vorbereiten.
Ihr braucht:
- eine Rolle Packpapier
- farbiges und weißes Papier für die Gestaltung
- Klebestifte und Schere
- dicke Filzstifte und Permanentmarker

Prüft, wie breit bzw. lang die fertige Wandzeitung werden darf, damit ihr sie gut aufhängen könnt.

2. Schritt: Material sichten und sortieren

Besorgt euch aus verschiedensten Medien (Schulbuch, Zeitungsartikel, Internet, Büchern,...) Informationen zu eurem Themenbereich.
Seht euch das Material gut an und wählt aus, was für euren Bereich der Wandzeitung wichtig und aussagekräftig ist. Bestandteile können sein: Collagen (siehe S. 80), Plakate, Mindmaps, Zeitungsartikel, Diagramme, Fotos, Flyer,...

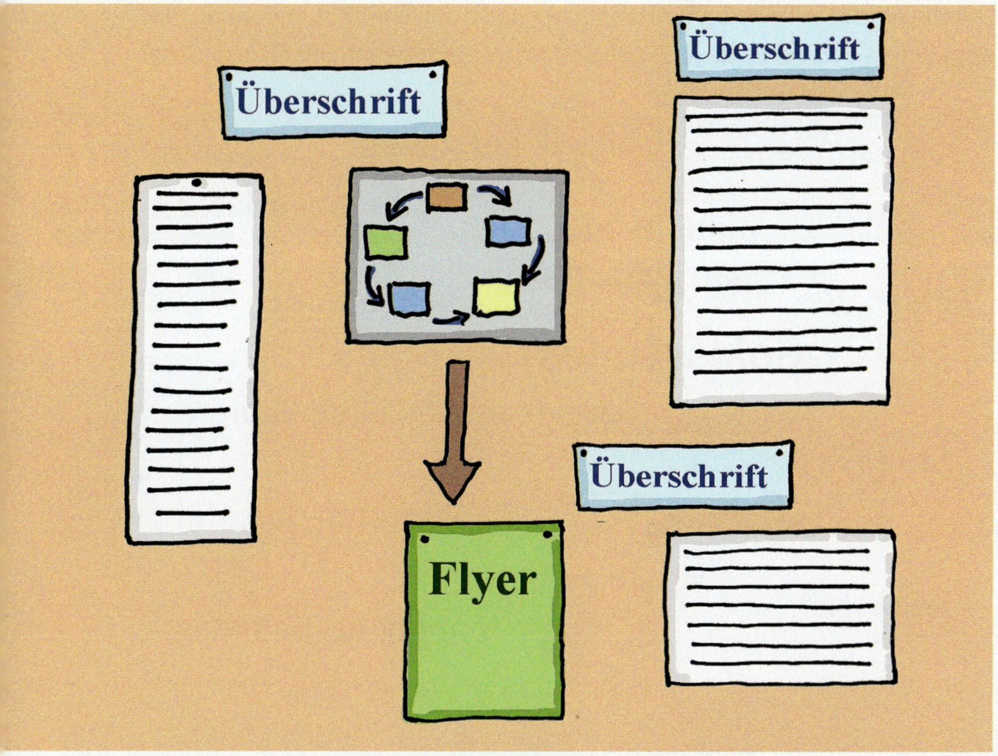

Legt eine grobe Struktur für euren Themenbereich fest und sprecht euch mit den anderen Gruppen ab. Findet ihr Gemeinsamkeiten und Beziehungen zwischen euren Bereichen? Markiert diese am Ende.

3. Schritt: Texte schreiben und Bilder gestalten

Entwerft Teilüberschriften und notiert sie auf farbigem Papier.
Fasst wichtige Informationen in selbst verfassten Texten zusammen. Ihr könnt die Texte von Hand ordentlich abschreiben (beachtet die Regeln der Plakatgestaltung) oder am PC schreiben und anschließend ausdrucken.
Achtet auf eine gut lesbare Schriftgröße. Die Texte sollen aus einem Meter Entfernung noch gut lesbar sein.
Gestaltet für euren Bereich Grafiken, die den Inhalt bildhaft darstellen. Eure Wandzeitung soll zum Nachlesen einladen.

4. Schritt: Texte schreiben und Bilder gestalten

Legt das Packpapier auf dem Boden aus. Jetzt kommen alle Gruppen zusammen und legen ihre angefertigten Materialien auf dem Papier aus. Überprüft, ob das Material für den vorhandenen Platz passend ist. Ist der Bild-Text-Anteil ausgewogen? Ihr könnt eure Materialien verschieben oder etwas verändern, bis sich ein stimmiges Gesamtbild ergibt.
Klebt eure Materialien erst zum Schluss auf das Packpapier auf.
Eure Wandzeitung kann nun aufgehängt werden.

Tortendiagramm

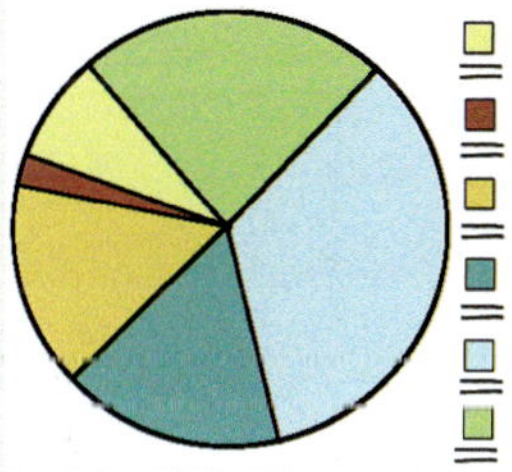

Mindmap

Landkarte

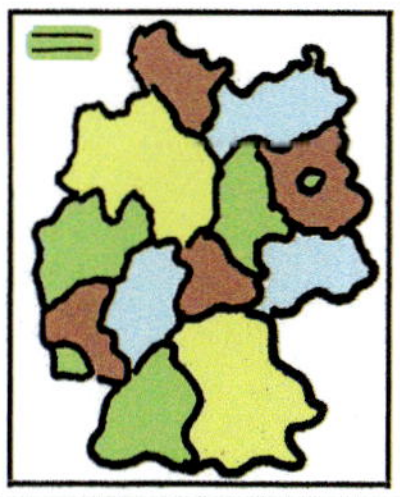

Bist du startklar?

1 Erstelle eine Mindmap zum Arbeitsplatz des Goldschmieds, indem du die Angaben in den Kästchen den Arbeitsplatzmerkmalen (Seite 17) zuordnest.

Verkaufsraum
Schmuck herstellen
löten
hohe Temperaturen
Gravurkissen
Lötschale
Edelsteine
acht Stunden täglich
Goldschmied/in
Dämpfe und ätzende Säuren
Staub in der Luft
feilen
Werkstatt Gold
Reparaturen durchführen
Werkstatt
Maschinenlärm
Montag bis Samstag

2 Ordne die Berufe in die Ordnungssysteme ein.

Dachdecker/in ▪ Zweiradmechatroniker/in ▪ Parkettleger/in ▪ Medizinische/r Fachangestellte/r ▪ Verwaltungsangestellte/r ▪ Elektroniker/in ▪ Raumausstatter/in ▪ Mediendesigner/in

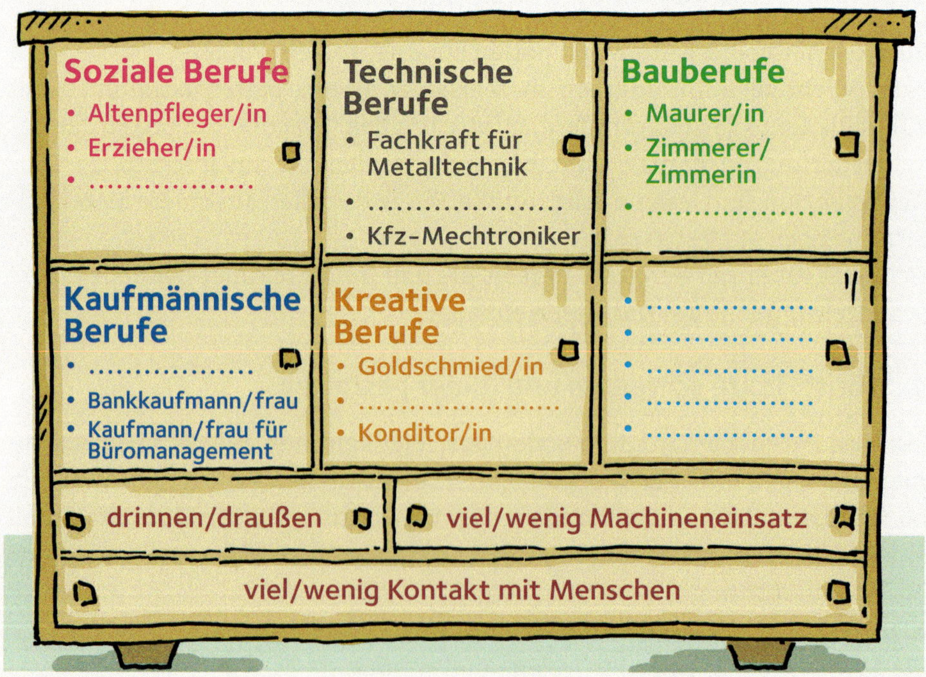

3 Du hast bereits Warn- und Verbotszeichen kennen gelernt. Es gibt aber noch weitere Zeichen: Blau-weiße Gebotszeichen zeigen an, welche Schutzausrüstung man am Arbeitsplatz tragen muss. Kannst du dir die Bedeutung der folgenden Zeichen selbst erschließen? Wo könnten die Zeichen vorkommen?

4 **a** Karina will sich mit ihrem Friseursalon selbstständig machen. Erkläre ihr den folgenden Ausspruch.
b Würdest du ihr zur Selbstständigkeit raten? Begründe.

> ***„Selbstständig zu sein heißt, alles selbst und ständig zu tun.“***

5 Die Grafik zeigt ein Stimmungsbild auf dem Weg in die Selbstständigkeit. Erkläre deiner Partnerin oder deinem Partner das Schaubild mit eigenen Worten.

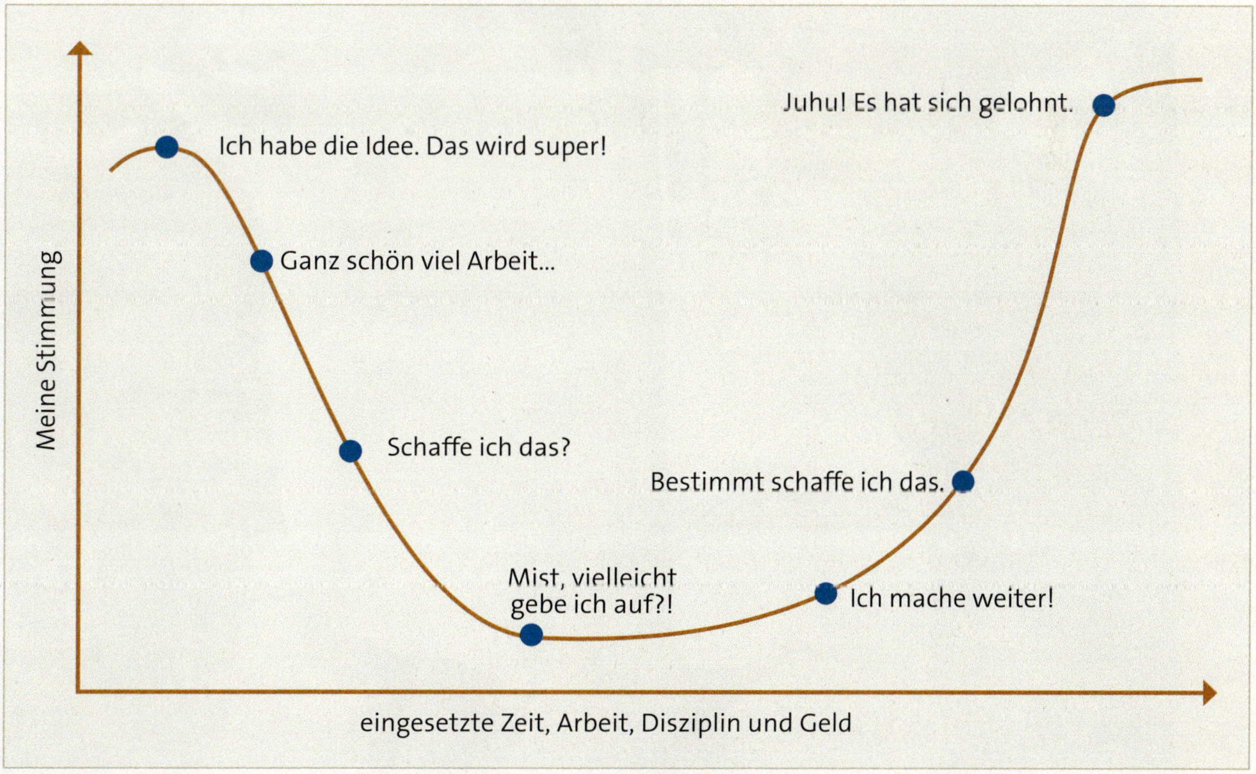

KAPITEL 3

Welcher Beruf passt zu mir?

Es gibt sehr viele verschiedene, interessante Berufe. Da ist es gar nicht so einfach, etwas Passendes für sich zu finden. Doch es gibt zahlreiche Hilfen, die dich dabei unterstützen, deine Interessen und Möglichkeiten herauszufinden.

1. *Betrachte das Bild. Wo informieren sich Schülerinnen und Schüler gerade?*
2. *Welche Hilfen kennst du schon, um sich im „Berufe-Dschungel" zu orientieren?*

In welche Richtung könnte es gehen?

M1 Berufliche Tätigkeitsbereiche

In der Schule fand ich NT und Mathe schon immer am besten, besonders wenn unsere NT-Lehrerin mit uns experimentiert hat. Darum habe ich mich für einen Beruf aus dem Feld Chemie, Biologie und Ernährung entschieden. Jetzt bin ich im zweiten Ausbildungsjahr zum Chemielaboranten.

Ich habe mir einen Praktikumsplatz als Werkzeugmechanikerin gesucht. In der Schule fielen mir schon immer die praktischen Fächer am leichtesten. Ich arbeite einfach gerne mit meinen Händen. Deshalb erkunde ich gerade, ob ein technischer Beruf für mich in Frage kommt.

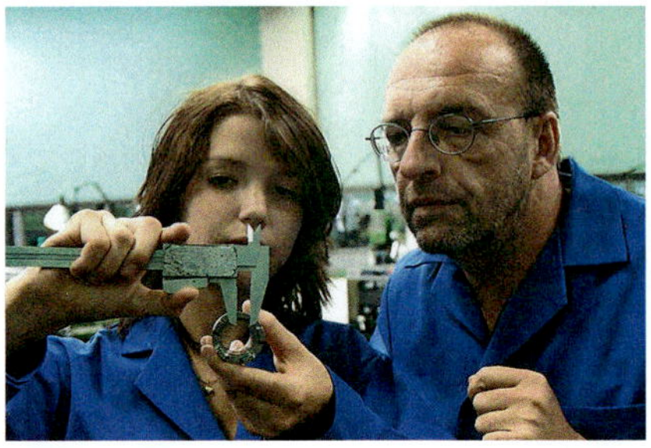

Für mich war lange nicht klar, was mir Spaß machen könnte. Ich habe immer nur an typische Frauenberufe gedacht. Bis mich meine WiK-Lehrerin fragte, ob ich mir nicht auch einen Beruf in der IT-Welt vorstellen könnte. Ich habe das dann in einem Praktikum ausprobiert. Nun arbeite ich schon seit drei Jahren als Informatikkauffrau und bin sehr zufrieden damit.

Als Kind habe ich gerne mit dem Kaufladen gespielt und als Jugendliche handelte und verkaufte ich gerne auf dem Flohmarkt. Mir war schnell klar, dass es etwas aus dem kaufmännischen Bereich sein soll. Dass dieser Bereich so vielfältig ist, hätte ich nicht gedacht. Da ich auch gerne mit Menschen zu tun habe, habe ich mir den Beruf der Hotelfachfrau ausgewählt.

Ich wusste zunächst überhaupt nicht, welchen Beruf ich später ausüben sollte. Meine Interessen waren breit gefächert. Auf die Idee, etwas mit Menschen arbeiten zu wollen, kam ich erst im Praktikum. Vorher dachte ich immer, dass es eine handwerkliche Ausbildung werden wird, wie es für Jungs oft typisch ist. Beim Praktikum im Kindergarten habe ich gemerkt: Die Arbeit mit Kindern begeistert mich einfach.

M 2 Zitat von Konfuzius

> ***„Wähle einen Beruf, den du liebst, und du brauchst keinen Tag in deinem Leben mehr zu arbeiten."***

Wenn das mal so leicht wäre, was der chinesische Philosoph Konfuzius vor 2.500 Jahren geschrieben hat. Es gibt doch so viele verschiedene Berufe und Tätigkeiten. Wie soll man sich da bloß richtig entscheiden? Auch du musst dir in den nächsten Jahren klar darüber werden, was dich besonders interessiert und in welchem Bereich du später einmal arbeiten möchtest. Du hast in der Vergangenheit schon deine Stärken und Schwächen erkundet. Nun wird es Zeit, deinen Blick in Richtung Ausbildung zu lenken. Einen ersten Überblick können dir die Tätigkeitsbereiche geben. Sie dienen deiner beruflichen Orientierung und zeigen dir zum Beispiel, in welche Richtung es bei der Wahl deines Ausbildungsplatzes gehen kann. Je nach Neigungen und Interesse gefällt dir ein bestimmtes Tätigkeitsfeld vielleicht besonders.

M 3 Tätigkeitsbereiche

Chemie, Biologie, Ernährung	Im Labor und unter dem Mikroskop
Handwerk	Erbauen, erschaffen, kreieren
IT und Elektrotechnik	Rund um Bits und Bytes
Kaufmännische Berufe	Einkaufen, verwalten, verkaufen und organisieren
Gesundheitsberufe	Menschen helfen, heilen, pflegen

1 Gib wieder, was den Personen (M 1) half, sich für einen Beruf zu entscheiden.

2 **a** Klärt im Klassengespräch das Zitat von Konfuzius (M 2).

b Finde Beispiele aus dem Bekanntenkreis oder den Medien, bei denen das Zitat zutreffen könnte. Beispiel: Mein Onkel schraubte schon immer gerne an Fahrrädern, er wurde Zweiradmechaniker.

3 Ordne die Beispiele von M 1 den Tätigkeitsfeldern von M 3 zu.

4 Für welchen Bereich (M 3) interessierst du dich am meisten? Sammle passende Bilder aus Zeitschriften und Broschüren. Erstelle dazu eine Collage (Seite 80/81) und hefte sie in deinen Berufswahlordner ein. Vielleicht kann dir deine Kunstlehrkraft Tipps zur Gestaltung geben. Was ein Berufswahlordner ist steht auf der nächsten Seite.

Der Berufswahlordner

Dein Berufswahlordner soll dich bei der Berufswahl unterstützen und begleiten. Er ist eine gute Möglichkeit für dich, deinen Wunschberuf zu erkennen und schließlich vielleicht auch zu bekommen. Dieser Ordner dokumentiert alle deine persönlichen Daten, die für deine Berufswahl wichtig sind. Dazu gehören z.B. die Einschätzungen von Stärken und Schwächen, genauso wie eine Auflistung all deiner Praktika, die du im Laufe der nächsten Jahre machen wirst. Am Ende hast du eine Menge über dich selbst gelernt und alle wichtigen Informationen auf einen Blick parat. Auf dieser Grundlage kannst du dann später deine Bewerbung erstellen. Dein Berufswahlordner wird dich über längere Zeit begleiten.

1. Schritt: Vorbereitung

Du erstellst deinen ganz eigenen Berufswahlordner.

Du brauchst:

- einen Aktenordner* im Format DIN-A-4
- mindestens fünf Registerkarten
- Klarsichthüllen zum einheften
- dicke Filzstifte und Permanentmarker

Wenn du deine Materialien alle beisammen hast, kann es losgehen.

* Der Aktenordner ist eine technische Erfindung, denn der Ordner enthält eine mechanische Vorrichtung zum Einheften und Entnehmen von Blättern. Friedrich Sonnecken erfand ihn im Jahr 1886. Im gleichen Jahr brachte er auch den ersten Locher auf den Markt, denn nur ein gelochtes Blatt lässt sich einheften.

2. Schritt: Berufswahlordner anlegen

Zunächst müsst ihr euch in der Klasse einig werden, welche Einteilungen ihr in eurem Ordner haben möchtet. Wenn das festgelegt wurde, geht es weiter. Nun beschriftest du die einzelnen Registerkarten sorgfältig in einer gut lesbaren Schrift und heftest sie in den Ordner ein.

Hier siehst du einen Vorschlag, wie man die Einteilung vornehmen könnte:
- Angebote zur Berufsorientierung
- Meine Stärken und Schwächen
- Mein Berufswahlprozess
- Meine Dokumente (Praktikumsbescheinigungen, Zeugnisse, Kursnachweise ...)
- Meine Lebensplanung

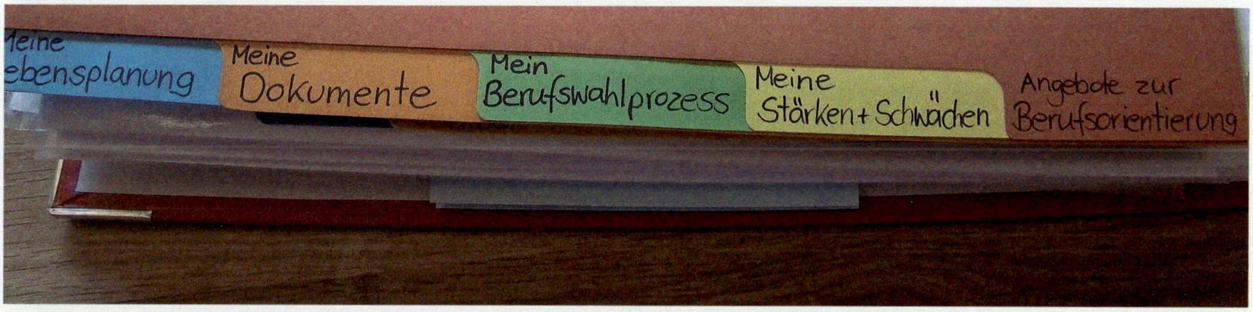

3. Schritt: Berufswahlordner pflegen

Ordne alle Arbeitsblätter ein, die du bereits zum Thema Berufswahl bearbeitet hast.

Das Wichtigste und vielleicht Schwerste an einem Berufswahlordner ist, ihn regelmäßig auf den neusten Stand zu bringen und immer wieder die aktuellen Dinge einzuheften. Nur so ergibt sich ein Bild, das dir später weiterhelfen kann.

Vergesse nicht, regelmäßig einzuheften:
- Selbsteinschätzungen
- Fremdeinschätzungen
- Praktikumsbescheinigungen
- Zeugnisse und Bescheinigungen (in Klarsichthüllen)
- Informationen über deine Wunschberufe
- ...

In den folgenden Schuljahren wirst du deinen Berufswahlordner noch oft brauchen, z.B. in der achten Klasse für Praktikumsbescheinigungen, Zeugnisse und Bewerbungsunterlagen. Pass also gut darauf auf.

Wo bekomme ich Hilfe bei meiner Berufswahl?

M1 Berufslabyrinth

Ein Ort um Informationen und Anregungen für deine weitere Berufsorientierung zu sammeln ist das Berufsinformationszentrum* (BIZ). Viele Klassen besuchen das BiZ mit ihren Lehrkräften einmal gemeinsam, damit sich die Schülerinnen und Schüler bei späteren Besuchen dort allein zurecht finden.

* Das Berufsinformationszentrum (BiZ) ist ein Angebot der Agentur für Arbeit unter anderem für Schülerinnen und Schüler. Hier kann man sich jederzeit selbstständig und ohne Termin informieren. Alle Infoangebote sind kostenlos. Im Internet kann man sich über das BiZ informieren und nachschauen, wo sich das nächste BiZ befindet.

M2 Was kann ich im BiZ tun?

- Kurzfilme zu Berufen anschauen
- Informieren über Ausbildungswege
- Online-Tests machen
- Hilfen bei Bewerbungen
- Berufsfelder erkunden
- Infoblätter zu Berufen bekommen
- Informieren über Ausbildungsvoraussetzungen

Damit der Besuch erfolgreich wird, musst du dich gut vorbereiten. Dazu helfen dir ein paar Leitfragen:

- Was erwarte ich von meinem BiZ-Besuch?
- Was möchte ich dort erfahren?
- Welche Fragen kann ich stellen?

Im BiZ sind viele unterschiedliche Besucherinnen und Besucher, die alle verschiedene Anliegen rund um ihren Beruf haben. Deshalb musst du dich ruhig und angemessen verhalten, um sie nicht zu stören. Die Berufsberaterin oder der Berufsberater eurer Schule wird dann den Besuch leiten und euch viele Möglichkeiten vorstellen. Dort gibt es auch viel Informationsmaterial, das für euch bereitgestellt wird.

Natürlich ist es wichtig, höflich und freundlich aufzutreten. Vergiss nicht zu grüßen und dich zu bedanken, dann geben dir die Mitarbeiterinnen und Mitarbeiter im BiZ noch lieber Auskunft.

Damit dich der Besuch weiterbringt, musst du die BiZ-Erkundung auswerten. Das geht am besten mit folgenden Schritten:

- Ordne die mitgebrachten Materialien.
- Besprecht eure Erkundungseindrücke in der Kleingruppe.
- Führt eine Klassendiskussion; mögliche Fragen:

Was hat mir die Erkundung an neuen Erkenntnissen gebracht?

Wie haben wir uns als Klasse benommen?

Hat alles so geklappt, wie gedacht?

M 3 Hilfen bei der Berufsorientierung

Praktika	boW-Fächer
Beruf aktuell	Familie, Bekannte
Betriebserkundungen	Internetseite der Agentur für Arbeit, z. B. Planet Beruf

1 Analysiere mit deiner Nachbarin oder deinem Nachbarn die Zeichnung **M 1** so, wie du es in GPG gelernt hast. Fragen, die ihr dabei beantworten solltet: Was ist dargestellt? Was bedeutet das? Wie geht es diesen Schülern? Was kann ihm helfen?

2 Erkläre mithilfe von **M 2**, was man im BiZ alles machen kann.

3 Plant mit eurer Klasse einen Besuch im BiZ:

a Bereitet die Erkundung vor (Fragen entwerfen, über das BiZ informieren...).

b Führt die Erkundung durch.

c Wertet euren Besuch aus.

4 Erläutere, welche Möglichkeiten es noch gibt, sich über Berufe zu informieren (M 3).

Der Berufswahlparcours

Der Berufswahlparcours bietet dir eine Möglichkeit, dir Gedanken über deine Berufswahl zu machen. So begibst du dich auf den Weg zu deinem Wunschberuf.

1. Schritt: Einstiegsphase

Sie soll euch als Klasse auf den Berufswahlparcours einstimmen. Hier werden die Regeln und Zeiten festgelegt und das Organisatorische geklärt.

- Wo wird gearbeitet?
- Wie lange haben wir Zeit?
- Arbeiten wir alleine oder in Gruppen?

Danach steigt ihr in das Thema ein. Ihr könnt mit einer Gesprächsrunde beginnen, in der jeder den Satzanfang (schriftlich und mündlich) weiterführt: „Mein allererster Berufswunsch war…“

Jetzt geht es mit der eigentlichen Arbeit weiter.

2. Schritt: Wunsch- und Traumphase

Hier muss zunächst einmal jede bzw. jeder für sich arbeiten.
Überlege dir, wie du dir deine Zukunft rund um den Beruf vorstellen könntest.

Alles kann erträumt werden, nichts ist unmöglich! Leitfragen, die dir dabei helfen können:

- Was wünsche und erträume ich mir?
- Was ist ideal?

Deine Wünsche, Träume und Ideen kannst du entweder auf Kärtchen festhalten oder du erstellst dazu eine Collage (S. 80/81). Am Ende dieser Phase tauscht ihr eure Ideen aus und präsentiert eure Ergebnisse.

METHODE

3. Schritt: Problemphase

Nach der Wunsch- und Traumphase geht's zurück in die Realität. In dieser Phase überprüfst du nun, welche Ideen und Wünsche für dich realisierbar sind. Du musst dich dafür gut informieren und auch manche Träume verwerfen. Notiere auf einer Karteikarte oder einem Notizblatt, welche Probleme auf dem Weg zu deinem Wunschberuf auftreten können.

Leitfragen, die dir dabei helfen können:

- Was ist nicht machbar?
- Welcher Beruf kommt in Frage?
- Welchen Schulabschluss braucht man dazu?
- Welche Voraussetzungen muss man mitbringen?

Auf den Seiten 40/41 hast du erfahren, wo du Informationen zu Berufen findest und wie du sie auswertest. Beziehe auch deine Selbst- und Fremdeinschätzung (S. 44/45) sowie deine Betriebserkundung in deine Überlegungen ein.

4. Schritt: Planungsphase

Damit dein Traum kein Traum bleibt, sollst du herausfinden, welche Schritte dich ihm näher bringen. Die Träume, die für dich erreichbar scheinen, brauchen einen Weg, damit sie in Erfüllung gehen können. Suche dir jetzt einen Wunschberuf heraus, den du vielleicht erreichen kannst. Versuche Lösungen für die Probleme auf dem Weg zu deinem Wunschberuf zu finden. Notiere in Stichworten.

Einen Weg zu finden gelingt nicht immer von heute auf morgen. Schritt für Schritt geht es voran. Mache dir einen Plan für die nächsten Wochen oder Monate was du tun willst.

5. Schritt: Abschiedsphase

In dieser Phase endet euer Berufswahlparcours. Ihr trefft euch wieder im Klassenverbund und stellt euch gegenseitig euren Weg zum Wunschberuf vor.

Beantwortet auch diese Fragen:

- Was hat mir gefallen?
- Wo hatte ich Schwierigkeiten?
- Was hat mir der Berufswahlparcours gebracht?
- Was habe ich herausgefunden?

Ein Selbsterkundungsspiel

Welche Antwort trifft am ehesten auf dich zu? Entscheide dich bei den Fragen für eine Möglichkeit und notiere dir jeweils den Buchstaben hinter dieser. Am Ende wertest du aus, welchen Buchstaben du am häufigsten aufgeschrieben hast. Die Auflösung zu deinem Test findest du auf der folgenden Doppelseite. Dieses Selbsterkundungsspiel kann dir eine erste Einschätzung zu deinen beruflichen Interessen geben. Achtung: Schreibe beim Beantworten dieser Fragen nicht ins Buch!

M1 Der Test

1. Wenn wir einen Familienausflug machen, ...
   - habe ich immer eine Becherlupe dabei. (E)
   - übernehme ich die Planung des Tagesablaufs. (B)
   - bediene ich das Navigationssystem. (C)

2. Welche Schulfächer magst du am liebsten?
   - Technik und Kunst (D)
   - NT und Mathe (E)
   - ES und Deutsch (A)
   - Tastschreiben und Mathe (B)
   - WiK und Englisch (C)

3. Wenn mein Vater an seinem Fahrrad schraubt, ...
   - helfe ich ihm mit Begeisterung. (D)
   - berechne ich, wie viel die Reparatur kostet. (B)
   - bringe ich ihm eine Verpflegung vorbei. (A)

4. Ich habe keine Probleme im Umgang mit fremden Menschen.
   - Stimmt (A)
   - Stimmt manchmal (B, C, D)
   - Stimmt nicht (E)

5. Wenn ich zuhause helfen soll, mache ich am liebsten ...
   - Abendessen für alle. (A)
   - den Großeinkauf. (B)
   - das Update am Computer. (C)

6. Welcher Begriff beschreibt dich am besten?
   - Computerfreak (C)
   - Organisationstalent (B)
   - Kreativer Kopf (D)
   - Forschertyp (E)
   - Menschenkenner (A)

7. Bei unserem Klassenprojekt möchte ich am liebsten...
- ein Picknick mit gemeinsamen Spielen machen. (A)
- Holzbänke für den Pausenhof bauen und montieren. (D)
- Kleinstlebewesen im Bach bestimmen. (E)

8. Was machst du gerne in deiner Freizeit?
- Einfach unter Menschen sein. (A)
- Am Computer programmieren. (C)
- In der Werkstatt basteln (D)
- Shoppen gehen. (B)
- Dinge erforschen, z.B. in der Natur. (E)

9. Technische Geräte finde ich...
- spannend. Die möchte ich am liebsten gleich ausprobieren. (C, E)
- sinnvoll. Damit beschäftige ich mich aber nur, wenn nötig. (B, D)
- nicht so interessant. Da lasse ich lieber andere ran. (A)

10. Was suchst du dir aus folgenden drei Losgewinnen aus?
- Akkuschrauber (D)
- Experimentierkasten (E)
- externe Festplatte (C)

M2 Tipp für eine Strichliste

Diese Buchstaben habe ich gewählt. Zähle noch einmal nach, ob du zehn Striche gemacht hast.

A B C D E

1 **a** Führe den Test **M1** durch. Lege dazu in deinem Heft eine Strichliste (siehe **M2**) an.

b Ermittle dein Ergebnis, indem du zählst, welcher Buchstaben bei dir am häufigsten vorkommt.

2 Lass eine Person, die dich gut kennt, das Selbsterkundungsspiel **für dich** durchführen. Unterscheiden sich eure Ergebnisse?

3 Einen genaueren Test findest du auf der Webseite der Agentur für Arbeit. Führe diesen Test durch. Welches Ergebnis erhältst du dort?

Welcher Tätigkeitsbereich könnte zu mir passen?

Hier findest du die Auswertung deines Selbsteinschätzungstestes von der letzten Doppelseite. Der Buchstabe, den du am häufigsten angekreuzt hast, zeigt dir, welcher berufliche Tätigkeitsbereich für dich vielleicht in Frage kommen könnte. Neben den Tätigkeitsbereichen findest du die passenden Unterrichtsfächer und typische Anforderungen des jeweiligen Bereichs.

M1 Anforderungen beruflicher Tätigkeitsbereiche

A	Menschen helfen, heilen, pflegen →	Ernährung und Soziales, Deutsch, Kunst, Musik →	▪ Mitgefühl zeigen ▪ Interesse am Mitmenschen ▪ …
B	Einkaufen, verwalten und organisieren →	WiK, Tastschreiben, Mathematik, Deutsch →	▪ Organisationstalent ▪ ordentlich und pflichtbewusst sein ▪ …
C	Rund um Bits und Bytes →	WiK, NT, Mathematik, Englisch →	▪ Interesse am Programmieren ▪ Bereitschaft zum Weiterlernen ▪ …
D	Erbauen, erschaffen, kreieren →	Technik, Kunst, Musik →	▪ handwerkliches Geschick ▪ Kreativität ▪ …
E	Im Labor und unter dem Mikroskop →	NT, Mathematik →	▪ genaues Arbeiten ▪ Umgang mit Zahlen, Einheiten und Formeln ▪ …

Jeder Tätigkeitsbereich beinhaltet andere Anforderungen. Wenn man einen Beruf wählt, muss man diese Anforderungen kennen. Auch in der Schule muss man für unterschiedliche Fächer verschiedene Anforderungen erfüllen.

M2 Anforderungen beruflicher Tätigkeitsbereiche

Ich habe meine Zugangserkundung in einer Schreinerei gemacht. Um dort zu arbeiten braucht man viel handwerkliches Geschick und muss auch kreativ arbeiten können. Ich war erstaunt, wie viele verschiedene Arbeiten dort anfallen. Auch das Kalkulieren von Materialeinkäufen und das Beraten von Kunden habe ich kennen gelernt. Nach meiner Erkundung habe ich einen Berufswahltest gemacht. Auch hier hatte ich im handwerklichen Bereich am meisten Punkte. Ich denke, ich werde einen Beruf in diesem Bereich anstreben. In Technik habe ich schon sehr gute Leistungen, in Kunst und Mathematik muss ich mich noch ein bisschen mehr anstrengen. Vor allem das räumliche Zeichnen macht mir noch Probleme.

Meine Zugangserkundung habe ich in einer KfZ-Werkstatt gemacht. Gut, dass ich da war, denn die Anforderungen waren ganz anders, als ich es mir vorgestellt hatte. Auch bei meinen Berufswahltest kam heraus, dass ein Beruf im Bereich „Einkaufen, verwalten und organisieren" besser zu mir passt. Deshalb möchte ich demnächst ein Praktikum als Automobilkauffrau ausprobieren. Da kann ich vielleicht mein Interesse an Autos und meine Fähigkeiten im Organisieren und in der Kundenberatung einbringen.

M3 Und du?

Welche Berufe hast du in deiner Erkundung kennen gelernt?

- Welche Anforderungen stellen diese?
- Hast du Interesse an diesem Tätigkeitsfeld?

Welcher Tätigkeitsbereich ist laut Test für dich passend?

- Interessiert dich dieser Bereich?
- Welche Berufe aus diesem Bereich kennst du schon?

1 Bearbeite die Fragen, die in **M 3** an dich gestellt werden.

Menschen arbeiten zum einen, weil sie mit Begeisterung einer Tätigkeit nachgehen wollen, die sie interessiert. Sie arbeiten aber auch, um finanziell unabhängig zu sein und sich Wünsche erfüllen zu können. Dabei gibt es beim Einkommen von Menschen große Unterschiede.

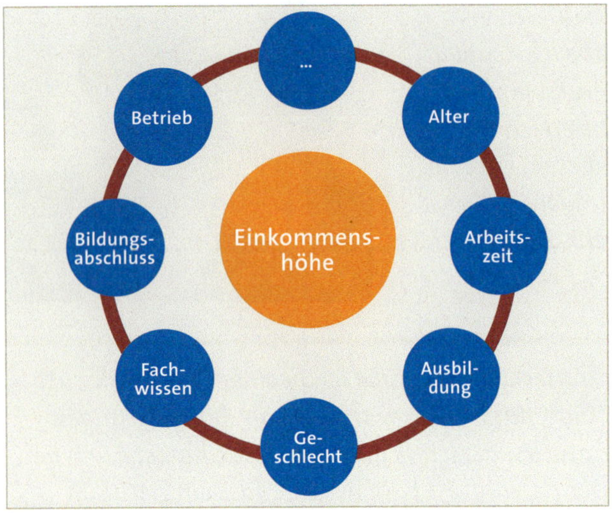

M1 Was bestimmt die Einkommenshöhe?

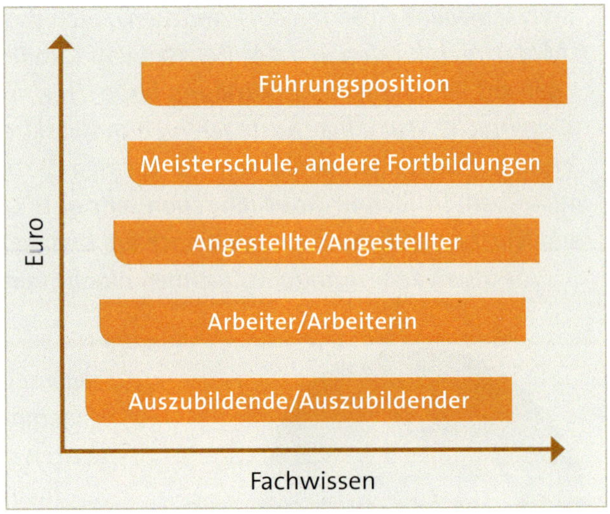

M2 Fachwissen zahlt sich aus

Trotz großer Verbesserungen in den letzten Jahrzehnten ist es immer noch so, dass Frauen in vielen Berufen weniger Geld als Männer verdienen. Auf andere Bedingungen, die das Einkommen bestimmen, z.B. dein Fachwissen, kannst du aber Einfluss nehmen.

* **Bruttolohn** ist der Verdienst, den der Arbeitgeber oder die Arbeitgeberin zahlt. Davon werden dann noch die Steuern und die Beiträge zur Renten-, Kranken-, Pflege- und Arbeitslosenversicherung abgezogen.

M3 Einkommensunterschiede zwischen Männern und Frauen im Bruttolohn

Wenn du ein Tätigkeitsfeld gefunden hast, das dich interessiert und das deinen Fähigkeiten entspricht, lohnt es sich auf jeden Fall, verschiedene Berufe in diesem Bereich unter die Lupe zu nehmen. Vielleicht findest du einen Beruf, der deinen Wünschen entspricht und dir einen höheren Lebensstandard ermöglicht. Das kann der Fall sein, weil du dort größere Aufstiegsmöglichkeiten hast, die Berufsfelder besser bezahlt oder eine Selbstständigkeit erreicht werden kann.

M 4 Wer verdient wie viel?

Durchschnittliches Monatsgehalt ohne Abzüge in Euro; ausgewählte Berufe

Beruf	Bruttogehalt
Bürokauffrau/-mann	2.353
Industriekauffrau/-mann	3.169
Verwaltungsangestellte/r	2.878
Steuerfachangestellte/r	2.422
Bankkauffrau/-mann	3.890
Versicherungskauffrau/-mann	3.763
IT-Systemkauffrau/-mann	2.751
Reisebürokauffrau/-mann	2.252

Werte nach Hans-Böckler-Stiftung, Lohnspiegel 2018

M 5 Arbeit ist für mich …

1 M Warum gibt es beim Einkommen große Unterschiede? Erkläre mit Hilfe von **M 1**.

2 M **M 2** zeigt eine „Karriereleiter". Erläutere den Begriff.

3 M Dein Freund interessiert sich für einen kaufmännischen Beruf. Berate ihn mithilfe von **M 4**.

4 M Was kannst du aus der Grafik **M 3** ablesen? Bewerte das Ergebnis.

5 M Formuliere mithilfe von **M 5** positive und negative Aussagen zu Arbeit und Einkommen.

Bist du startklar?

1 Erstelle eine Mindmap zu drei Tätigkeitsbereichen von Seite 37, die dich interessieren. Ergänze zu jedem Tätigkeitsbereich fünf typische Berufe. Nutze auch Informationsmaterial aus dem BIZ oder von „Planet Berufe“.

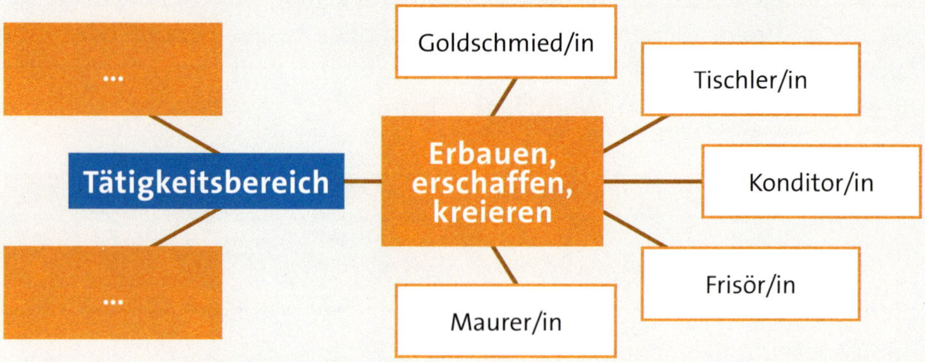

2 Lies folgende Aussagen. Was bedeuten sie für dich?

> ***„Lerne dich selbst kennen und finde heraus, was dir Spaß macht. Und dann überlege, wie du damit Geld verdienen kannst.“***

> ***„Die Zukunft ist kein Schicksal, sondern die Folge der Entscheidungen, die wir heute treffen.“***

3 Fynn stellt sich viele Fragen. Notiere für ihn mögliche Antworten.

Wo bekomme ich Informationen über Berufe?

Was kann man im BIZ eigentlich alles erfahren?

Welche Tätigkeitsbereiche gibt es?

4 Wertet in Partnerarbeit folgende Statistik aus und klärt unbekannte Begriffe. Was fällt euch auf? Welche Unterschiede gibt es? Welchen Schluss könnt ihr ziehen?

Was Beschäftigte in ihrem Leben verdienen

Durchschnittliches Brutto-Lebenseinkommen von Beschäftigten in Deutschland. Das Brutto-Lebenseinkommen wird nach knapp 37 Jahren Berufstätigkeit erreicht. Angaben in Euro.

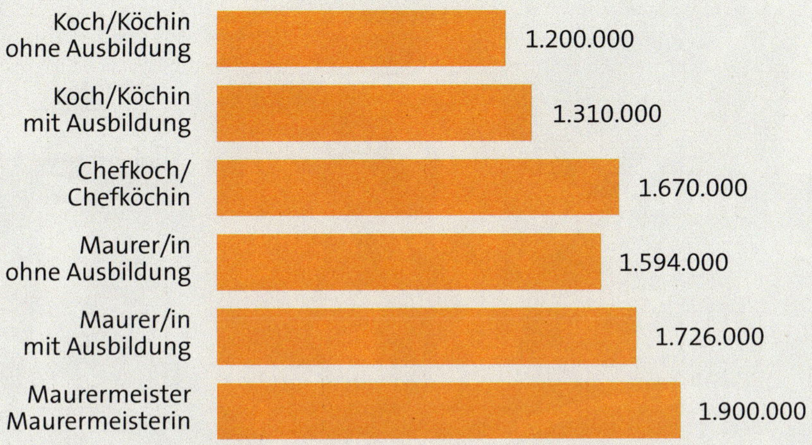

Basis: 9.655 Gehaltsdaten von Beschäftigten in Deutschland
Quelle: Statista 2017 nach PMSG Personal Markt Services GmbH, Auszug

5 An welchem Punkt in deinem Berufswahlprozess stehst du gerade? Zeige auf, wo du gerade stehst und welche Schritte du noch machen solltest.

KAPITEL 4

Vom Wunsch zum Kauf

Man muss gut nachdenken, planen und rechnen, wenn man sich etwas anschaffen möchte.

1. *Welche Ausstattung sollte dein neues Fahrrad unbedingt haben?*
2. *Wie ändert sich der Preis bei unterschiedlicher Ausstattung?*
3. *Schätze ein, wie viel dein neues Wunsch-Mountainbike wohl kosten würde?*

Wie kann ich mein Fahrrad selber finanzieren?

M 1 Woher könnte das Geld für ein Rad kommen?

Taschengeld oder Geldgeschenke?

???

Nebenjob? Gebrauchte Sachen verkaufen?

Wie geht es dir, wenn du einen größeren Wunsch hast, wie zum Beispiel ein neues Fahrrad? Deine Eltern werden dich vielleicht fragen, ob du nicht selbst etwas zur Bezahlung beitragen kannst. Auch Erwachsene müssen sich ihr Geld gut einteilen. Sie schätzen ein, wie lange sie arbeiten und Geld verdienen müssen, um sich verschiedene Dinge kaufen zu können.

Die Frage, wie sich neben der Schule Geld verdienen lässt, ist für viele Schülerinnen und Schüler nicht einfach zu beantworten. Wer sein Taschengeld aufbessern möchte und erst 13 oder 14 Jahre alt ist, bemerkt bald, dass es nicht so leicht ist, eine bezahlte Tätigkeit zu finden, die für diese Altersgruppe angeboten wird. Auch das „Gesetz zum Schutze der arbeitenden Jugend" bestimmt ganz genau Folgendes: Kinder unter 13 Jahren dürfen nicht arbeiten!

Im Alter von 13 und 14 Jahren ist es erst möglich mit Einwilligung der Eltern ein paar Euro dazu zu verdienen. Die leichte Beschäftigung darf die Gesundheit und die Schule allerdings nicht nachteilig beeinflussen. So sind maximal zwei Stunden Arbeit pro Tag erlaubt, aber erst nach der Schule und nicht zwischen 18 und 8 Uhr. Beachte zusätzlich die Seite 76 hier im Buch. Dort findest du weitere Informationen zu diesem Thema.

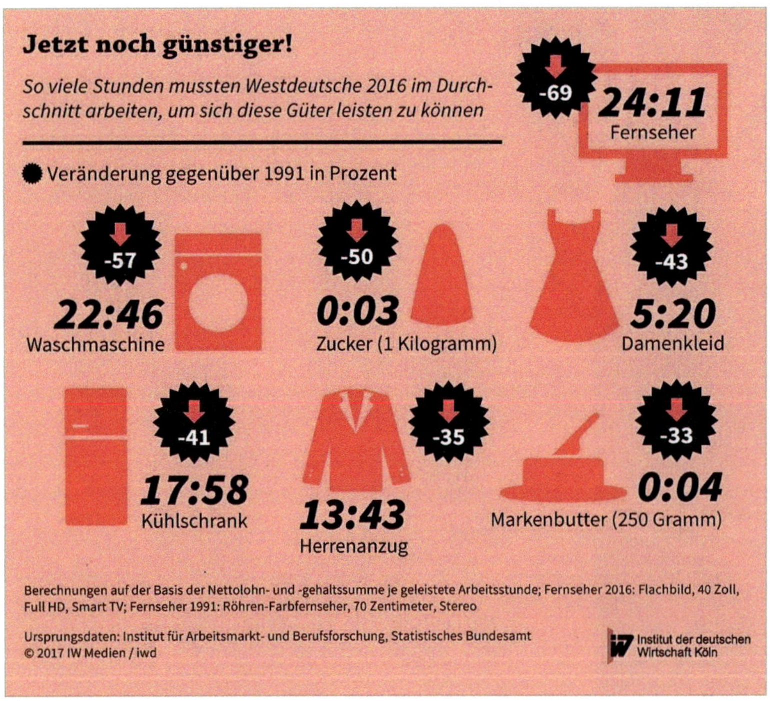

M 2 Kaufkraft pro Stunde

Interessant ist auch die Frage, wie deine Arbeit abgerechnet werden soll. Du stellst deine Zeit und Arbeitskraft zur Verfügung, wenn du zum Beispiel Prospekte austrägst. Beim Vergleich bemerkst du schnell, wie der Zeitaufwand, die Bezahlung und der Wert verschiedener Dinge, die du dir von diesem Geld kaufen willst, zusammenhängen. Bei Erwachsenen gibt es einen gesetzlichen Mindestlohn der gezahlt werden muss (zurzeit 8,84 Euro pro Stunde). Bei deinen Arbeiten wirst du wohl weniger erhalten, denn der Mindestlohn gilt nicht für dich als Schülerin oder Schüler. Du wirst aber bestimmt gut verhandeln, wenn du einen Nebenjob gefunden hast.

M3 Aufgaben, die Jugendliche in der Nachbarschaft übernehmen können

- Einkäufe oder Besorgungen erledigen
- Bei der Gartenarbeit helfen
- Im Winter Schnee schaufeln
- ...

Ältere Menschen sind oft auf Hilfe und Unterstützung angewiesen. Am meisten freuen sie sich aber über jedes freundliche Gespräch, was manchmal sogar eine besondere Belohnung zusätzlich gibt.

1 **a** Benenne weitere Möglichkeiten, wie du Geld verdienen könntest, wenn du 13 Jahre alt bist (M1, M3).

b Berichte in der Klasse über die Besonderheit beim Verkauf gebrauchter Sachen.

2 Du bietest in der Nachbarschaft Autopflege an. Was verlangst du für welche Tätigkeit? Vergleicht eure Vorschläge in der Klasse.

3 **a** Ermittele, wie viel man mit Prospekte austragen verdienen kann und wie viel Zeit dafür notwendig ist. Tipp: Frage Eltern, Bekannte oder Freunde.

b Rechne dann aus, wie viel Zeit du für 50 Euro Verdienst einbringen musst.

4 Schreibe in einer Tabelle mit drei Spalten auf: Welche Tätigkeit und welcher Zeiteinsatz bringt wie viel Geld für dich in einem Monat ein?

5 **a** Wertet die Grafik M2 in Partnerarbeit aus.

b Sucht euch dann zwei Produkte aus und ermittelt aktuelle Preisbeispiele. Schreibt die Arbeitszeit und den Preis nebeneinander auf und vergleicht.

Einkommenshöhe und Lebensstandard

M1 Diese Dinge gönnen sich die Deutschen

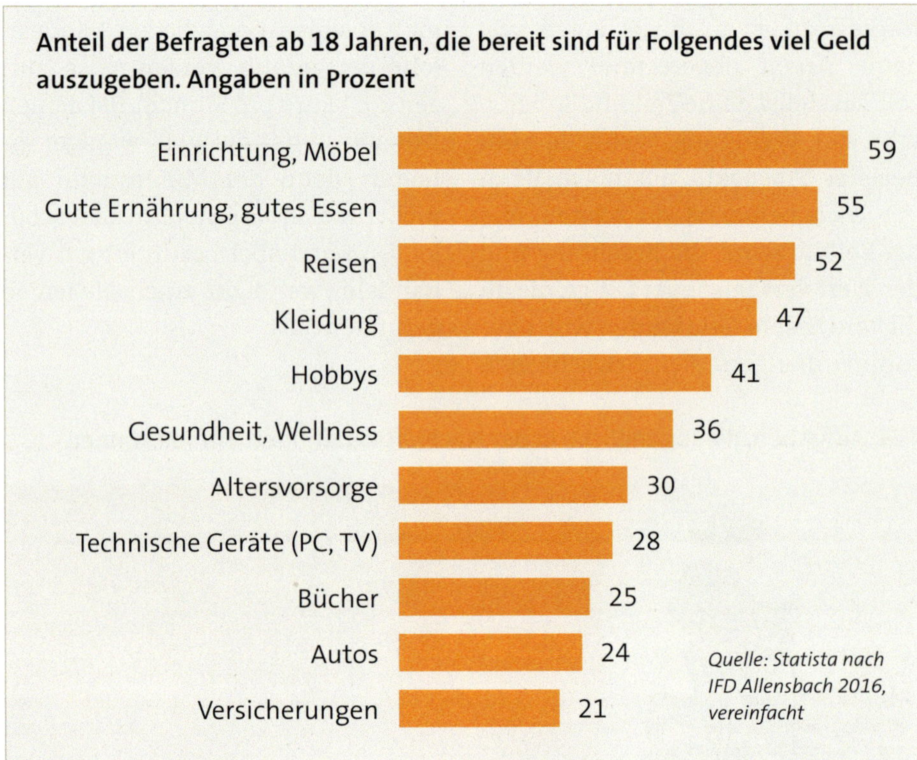

M2 Ein junges Paar

Vor kurzem warb eine große Supermarktkette mit dem Spruch: „Jeden Tag ein bisschen mehr“. Heute gibt es Erdbeeren zur Weihnachtszeit oder so viele Wurstsorten, die man gar nicht mehr zählen kann. Jedes neue Produkt, das auf den Markt kommt, macht unser Leben angeblich ein Stück besser. Aber: Stimmt das wirklich?
Das Streben der Menschen, um ihre Lebensbedingungen zu verbessern, ist der Motor für unsere Wirtschaft. Aus dem Streben (Arbeit und Anstrengung) entsteht auch für jeden Einzelnen sein persönlicher Lebensstandard. Manche Menschen denken so: „Je mehr Geld ich habe, desto mehr tolle Dinge kann ich kaufen und desto besser wird mein Leben.“ Heißt das aber auch, wenn ich Geld für morgen spare, muss ich dafür heute auf Dinge verzichten, die mein Leben besser machen?

Stell dir vor du hättest im nächsten Monat 150 Euro mehr zur Verfügung. Welcher Gedanke kommt dir ganz spontan?

A: Endlich kann ich mir ... kaufen.

B: Prima, ich kann das Geld zurücklegen ohne zu verzichten.

Sollte dir Antwort B in den Sinn gekommen sein, dann hast du deinen Lebensstandard schon geplant. Du scheinst zufrieden zu sein und glaubst nicht daran, dass dich immer noch mehr materielle Dinge glücklicher machen. Du denkst auch an die Zukunft.

Natürlich ist es nicht schlecht, viel Geld zu verdienen oder die eigenen Lebensumstände zu verbessern. Aber: Traumhaus, Traumauto, Traumurlaub – unser Leben besteht nicht nur aus Träumen. Ein Leben hat Höhen und Tiefen, was besonders im Alter spürbar wird. Rückblickend werden hier oft diese Fragen beantwortet: Welchen Beruf habe ich gelernt und was habe ich verdient? Wie habe ich mein Einkommen eingeteilt, habe ich Rücklagen gebildet und Vorsorge getroffen, besonders auch für das Leben im Alter.

M 3 Ein altes Paar

1 **a** M Beschreibe, was die Statistik in **M 1** darstellt.

b M Was sind deine „Favoriten" beim Geld ausgeben? Schreibe eine kurze Liste.

2 M Stelle Vermutungen an, welche Dinge in **M 1** eher von jüngeren Personen, welche mehr auf von ältere Personen konsumiert werden?

3 **a** M Vergleiche **M 2** und **M 3**. Welche Unterschiede fallen bei den gezeichneten Gegenständen auf?

b M Erkläre, wie die Gegenstände zum Lebensabschnitt der jeweiligen Personen passen können.

4 M Was denkst du und weißt du über das Leben im Alter. Antworte so in drei Sätzen:

Ich weiß, dass...

Ich glaube, dass...

Ich hoffe, dass...

5 M Beurteile, wie deiner Meinung nach Lebensstandard und Einkommen zusammenhängen.

M1 Planen, sparen, ausgeben

M2 Einnahmen-Ausgaben-Übersicht

Einnahmen	Januar				Februar				März				April				Gesamt
Woche	1	2	3	4	1	2	3	4	1	2	3	4	1	2	3	4	
Taschengeld	20				20				20				20				80
Geldgeschenke			5														5
verdientes Geld		10					15					10	10	10	10	10	75
sonstige Einnahmen																	
Summe	35				35				30				60				160

Ausgaben	Januar				Februar				März				April				Gesamt
Woche	1	2	3	4	1	2	3	4	1	2	3	4	1	2	3	4	
Handykosten	15				15				15				15				60
Essen, Trinken	5		8			3	3	3			4						26
Freizeit				5						5		10		20	5		45
Geschenke			9			10											19
sonstige Ausgaben																	0
Summe	42				34				34				40				150
Ergebnis (Erspartes/Schulden)	-7				+1				-4				+20				+10

1 Schreibe deine Überlegungen zum Ablaufplan M1 auf. Ergänze folgende Sätze
Meine Ausgaben ...
Ich möchte bei meinen Einnahmen versuchen ...
Ich will monatlich ...
Ich bin gespannt, ob ...

2 **a** Entwirf deine eigene Tabelle für deine Einnahmen und Ausgaben in den nächsten vier Monaten. Nimm die Tabelle M2 als Hilfe. Tipps zur Arbeit mit Tabellen gibt es in den Fächern Mathematik und WiK.

b Beschreibe, bei welchen Ausgaben du besonders aufpassen musst.

3 **a** Begründe, warum es sinnvoll sein kann, Geld über mehrere Wochen einzuteilen.

b Erkläre, wie du vorgehen würdest, wenn du dir etwas sehr Teures kaufen wolltest?

Wir erkunden einen Supermarkt in der Umgebung

M 1 Verschiedene Einzelhandelsgeschäfte

Jeden Tag benötigen wir verschiedene Dinge für unsere tägliche Lebensführung: Lebensmittel, Getränke, Kleidung, Verbrauchsgegenstände (wie z.B. Papier, Seife, Zeitung) und Gebrauchsgegenstände (wie z.B. Geschirr, Föhn, Werkzeug).
Diese Dinge des täglichen Lebens kaufen wir an verschiedenen Orten ein:

- Fachgeschäft (Bäckerei, Metzgerei, Schuhgeschäft ....)
- Lebensmittelgeschäft
- Bioladen
- Supermarkt
- Kaufhaus
- Baumarkt
- Wochenmarkt
- Geschäft im Internet

Blick in einen Supermarkt

Wer im Supermarkt einkauft, steht sehr oft vor einem großen Warenangebot. Meistens benötigt man nur einige spezielle Dinge, doch im Supermarkt locken überall Sonderangebote. Wir sollen spontan mehr kaufen als wir eigentlich vorhaben. Kaufen will also gelernt sein. In den meisten Fällen hat sich beim Einkauf das Prinzip der Selbstbedienung durchgesetzt. Die Kunden können selbst entscheiden, was sie in ihren Einkaufswagen legen.

Aber Vorsicht! Selbst entscheiden bedeutet nicht „richtig kaufen“. Nur, wer sich im Supermarkt, mit seinem Angebot und seinen Verkaufsmöglichkeiten auskennt, wird eigene Einkäufe sicher, erfolgreich und selbstbestimmt durchführen. Eine clevere Kundin oder ein cleverer Kunde wird auch nur das kaufen, was sie oder er wirklich braucht.

1 Betrachte das Foto. Welcher Eindruck soll beim Kunden erzielt werden, der den Supermarkt betritt? Antworte so:
Der Kunde soll...
Der erste Eindruck soll beim Kunden....
Die grünen Lampen sollen...

M 2 Für eine Erkundung im Markt bieten sich folgende Fragen an:

Wo stehen die Waren des täglichen Bedarfs wie Milchprodukte, Obst, Gemüse, Wurstwaren?
Wo stehen die Sonderangebote ?
Was steht in den Gängen?
Welche Preisunterschiede gibt es zwischen den Waren, die in Griff und Sichthöhe stehen und denen, die unten im Regal sind?
Was fällt bei den Preisschildern auf? Sind auch Preise pro Kilogramm oder pro 100 Gramm angegeben?

M 3 Das sagen Kunden beim Interview im Markt

Ich kaufe mit einer Liste ein, um zu vermeiden, dass ich mehr einkaufe als geplant. Trotzdem passiert es mir immer wieder und mein Einkaufswagen ist dann zu voll.

Ich schaue schon auf die Bezeichnungen bei den Lebensmitteln, vor allem auf die Angabe der Inhaltsstoffe. Auch bevorzuge ich heimische Waren. Dies hat vor allem ökologische Gründe. Meine Gesundheit ist mir sehr wichtig. Beim Preis überlege ich schon manchmal, weil ich ja bereit sein muss, mehr für die Qualität zu bezahlen.

Ich wundere mich immer wieder, wie die Produkte im Markt angeboten werden: Sonderangebote mit großen Schildern, besondere Hinweise auf die Qualität. Ökologische Waren haben einen besonderen Platz. Oft wird auf den besonderen Geschmack hingewiesen. Teure Produkte werden immer mitten im Regal platziert.

2 Lies die Interviewantworten **M 3** genau durch. Welche Fragen sind den Personen wohl gestellt worden? Versuche solche Fragen aufzuschreiben.

3 **a** Arbeitet in Gruppen: Sammelt Prospekte, Werbematerial und Fotos von Einkaufsmärkten eurer Umgebung und gestaltet auf einem großen Plakat eine Übersicht der Einkaufmöglichkeiten mit Entfernungsangaben von eurer Schule aus.

b Wähle drei Fragen aus **M 2** aus und schreibe die Antworten zusammenhängend in einem kurzen Text auf.

c Erkundet gemeinsam einen Supermarkt und berücksichtigt die Fragen aus **M 2**.

d Ermittelt bei der Erkundung, welche verschiedenen Berufe es in einem Supermarkt gibt.

M Aufpassen beim Einkaufen

M 1 Aufbau eines Supermarkts

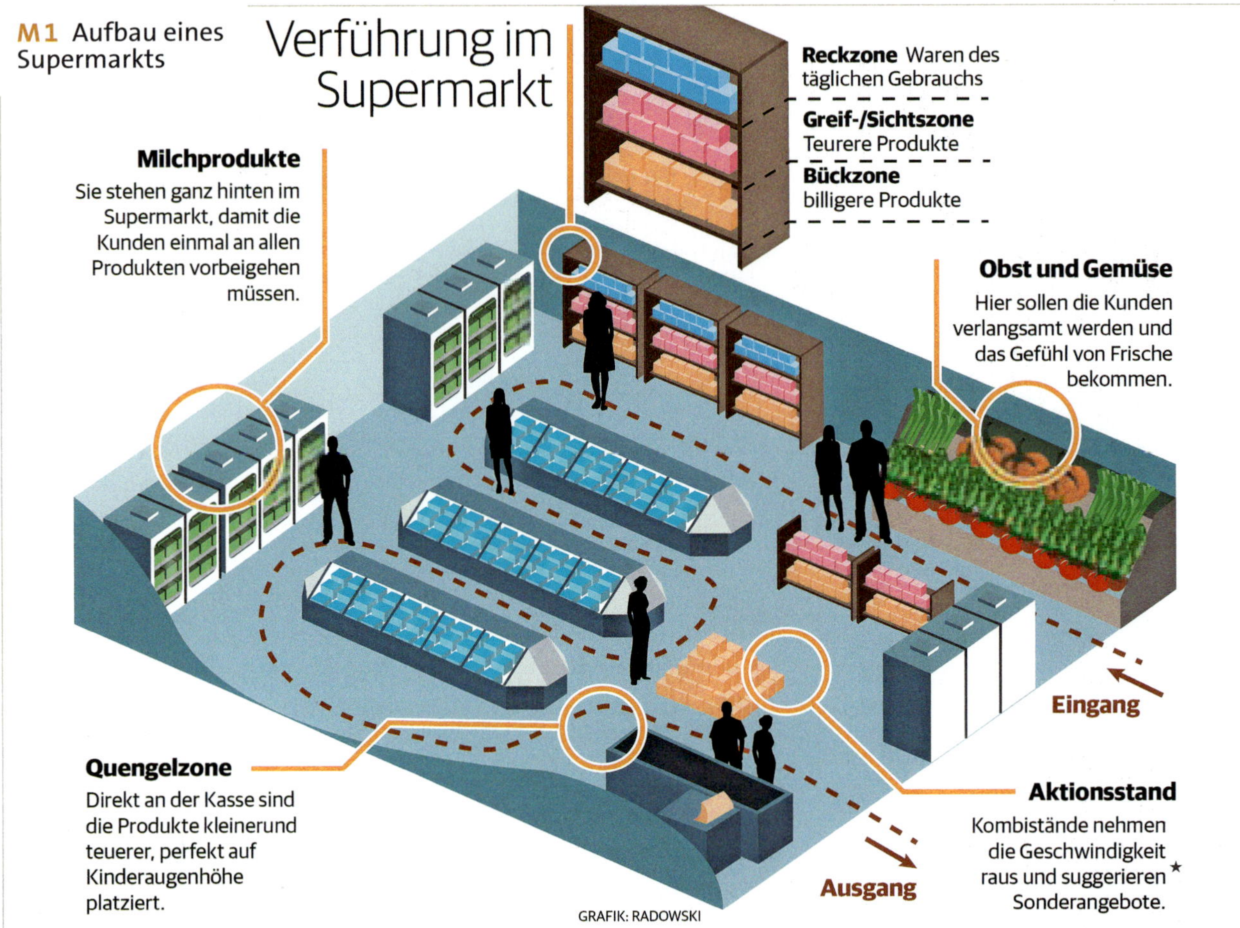

* **Suggerieren** bedeutet wörtlich einflüstern. An einem Aktionsstand soll der Eindruck entstehen, Waren seien preiswert – sie sind es aber nicht.

M 2 Nichts ist dem Zufall überlassen	
Rechts herum	In den meisten Läden werden die Kunden gegen den Uhrzeigersinn durch das Geschäft geführt. Der Grund ist, dass die Mehrzahl der Menschen Rechtshänder sind und so leichter zugreifen können. Sie kaufen dann mehr ein.
Einkaufswagen	Große Einkaufswagen wirken leer. Man denkt, man müsste noch mehr hinein tun.
Weite Wege	Was man immer braucht, wie Waren des täglichen Bedarfs (z.B. Milch oder Fleisch) werden weit hinten im Laden angeboten.
Obst und Gemüse	Diese frischen Sachen sollen einen an den Wochenmarkt oder Urlaub denken lassen. Beides macht gute Laune – und wer gut gelaunt ist, kauft mehr. Deshalb stehen diese frischen Waren oft am Eingang und bremsen den Schritt der Kunden.
Aktionsware	Körbe mit Aktionsware stehen oft in den Gängen und stoppen den Kunden. Das bedeutet aber nicht, dass diese Ware preiswert ist.
Platz im Regal	Die preiswerten Produkte stehen unten im Regal, in Griffhöhe stehen die teuren Markenprodukte.
Kassenzone	Hier stehen und warten die Kunden auf das Bezahlen. Süßigkeiten, Schokolade oder Eis sind hier platziert und verleiten zum Zugreifen.

Düfte, knallige Farben und zu große Einkaufswagen – im Supermarkt gibt es keine Zufälle. Alles ist sorgfältig geplant, um die Kundinnen und Kunden zum Kaufen zu verführen. Kein Produkt steht zufällig im Regal, jede Platzierung ist genau durchdacht. Du wolltest nur kurz durch den Laden gehen, doch an der Kasse stellst du fest: In meinem Einkaufswagen ist doppelt so viel wie geplant. Wie konnte das nur passieren?

M 3 Leittext

Mein Erkundungsplan für einen Markt

Du erkundest in der näheren Umgebung einen Markt und sollst mehr über die Angebote und die Nachfrage dort erfahren. Außerdem sollst du die Verkaufsstrategien besser verstehen, um zukünftig gute und sichere Entscheidungen beim Einkaufen zutreffen.

Vorbereitung
Schreibe auf, welcher Markt dich interessiert. Begründe, warum du den Markt ausgewählt hast.
Suche in der Zeitung oder im Internet nach Informationen über den Markt. Notiere deine Ergebnisse! (Angebote; Öffnungszeiten, Anschrift, Besonderheiten.... Frage bei deinen Bekannten und Eltern nach, was über diesen Markt bekannt ist und schreibe dies in Stichpunkten auf.
Spiel mit deinem Klassenkameraden den Telefonanruf im Markt durch, um deinen Besuch anzukündigen und die Erlaubnis einzuholen. Übe das genaue Zuhören und das genaue Beobachten.
Durchführung
Rufe bei dem Betrieb an, stelle dich vor und frage nach einem Termin für deine Erkundung.
Frage nach, ob du fotografieren darfst. Deine Bilder sollen einen Gesamteindruck vermitteln.
Mache eine Skizze von der Lage des Betriebs und des Gebäudes. Führe die Erkundung durch
Auswertung
Schreibe einen kurzen Bericht über deine Erkundung im Markt. Berücksichtige diese W-Fragen: Wann, wer, was, wo, wie. Beginne die Sätze z.B. so: Am Montag...; Ich konnte beobachten...; Mir ist aufgefallen, dass ...; Es gibt viele Kunden, die ...; An der Kasse fällt auf, dass ... Mach dir Notizen, damit du dich bei der Marktleitung für die Erkundung bedanken kannst.
Gestalte mit den Fotos, Zeichnungen und deinen Informationen eine Wandzeitung (Methode Wandzeitung s. Seite 30/31)
Stelle in einer Tabelle in Stichpunkten gegenüber, was dir gut gelungen ist und was du besser machen kannst: Gut war...; Das könnte noch besser werden ...

1 M Beschreibe, wie die Verführung im Supermarkt geschieht (**M 1**).

2 M Formuliere Einkauf-Tipps für Kunden auf Grundlage von **M 1** und **M 2**.

3 M Schreibe den Leittext M **3** in der Ich-Form mit deinen notwendigen Tätigkeiten auf.

4 M Diskutiert in der Klasse, was mit folgenden Dingen oder Aktionen erreicht werden soll.
a ständiges Umräumen; b Minieinkaufswagen für Kinder; c spezielle Beleuchtung, Spiegel; d Kundenrabattkarten

Abenteuer Supermarkt

M 1 Was Marktleiter und Kundin denken

Was tue ich, um möglichst viele zufriedene Kunden zu gewinnen und einen hohen Umsatz zu erzielen?

Wie verhalte ich mich, damit ich günstig einkaufe, ohne zu spontanen Käufen verführt zu werden?

M 2 Tipps und Tricks für die Marktleitung

Eine Marktleiterin oder ein Marktleiter eines Supermarkts will viele Waren verkaufen und dabei einen hohen Gewinn erzielen. Gleichzeitig sollen die Kunden zufrieden sein und wieder kommen. Diese Tipps geben Verkaufsprofis:

- Weisen Sie durch die Lautsprecher immer wieder auf Sonderangebote hin.
- Setzen Sie passende Musik ein. Das schafft eine angenehme Kaufatmosphäre.
- Milchprodukte, Wurst und Fleisch sind die Nahrungsmittel, die ständig gekauft werden. Die Abteilungen dafür bauen Sie in den hinteren Teil des Supermarkts.
- Stellen Sie die billigen Artikel in die Bückzone der Regale, die Markenartikel mit hohem Preis in die Sicht- und Greifzone (s. S. 62, M 1).
- Stellen Sie Genussmittel wie Tabak- und Süßwaren in die Stauzone an der Kasse. Die Augen schweifen umher, die Kunden kaufen beim Warten zusätzlich.
- Platzieren Sie die Sonderangebote so, dass die Kunden weite Wege gehen müssen. Sie sollen an vielen Artikeln vorbeikommen.
- Stellen Sie Aktionsware als Stopper in die Gänge.

M 3 Tipps und Tricks für Kunden

Die Kunden wollen günstig einkaufen und erwarten Waren in guter Qualität. Sie wünschen sich ein reichhaltiges Sortiment und viele Auswahlmöglichkeiten. Diese Tipps geben Fachleute der Verbraucherzentralen:

- Schreiben Sie einen Einkaufszettel, bevor Sie im Supermarkt einkaufen gehen.
- Planen Sie den Einkauf, vergleichen Sie die Preise und nutzen Sie die Sonderangebote.
- Achten Sie auf Kilo-Preise bzw. 100-Gramm-Preise auf den Preisschildern am Regal. Nur so können Sie die Preise im Geschäft vergleichen.
- Lassen Sie sich nicht von der Verpackung blenden und zum spontanen Kauf verleiten.
- Lernen Sie die Einkaufsfallen des Supermarkts kennen.
- Erledigen Sie Ihre geplanten Einkäufe zügig. Das Schlendern durch die Gänge verleitet zu zusätzlichen Käufen.
- Kaufen Sie nicht mit leerem Magen ein. Hunger ist der schlechteste Ratgeber für einen überlegten und sparsamen Einkauf.
- Benutzen Sie eine Einkaufstasche, so sparen Sie das Geld für Tüten und schonen die Umwelt.

M4 Geschäft der Zukunft

1 **a** Lest in Zweiergruppen die Tipps für Marktleiter und Kunden (M 2, M 3) und klärt unklare Begriffe.
b Entwerft mithilfe vom M 1 bis M 3 ein Rollenspiel zwischen zwei Personen und tragt es vor.

2 Beurteilt, wer beim Einkauf gewinnt – der Marktleiter oder der Kunde. Oder gibt es ein Unentschieden?

3 Wertet das Schaubild M 4 aus. Welche der verschiedenen modernen Möglichkeiten werden sich durchsetzen? Begründet eure Meinungen anhand von Beispielen.

4 M Welche Vorteile oder Nachteile entstehen deiner Meinung nach beim Einsatz von digitalen Preisschildern?

Was regeln Angebot und Nachfrage?

M1 Ein Markt

Markt in Nürnberg

Auf einem Markt treffen sich Angebot und Nachfrage. Hier finden Verkäufer und Käufer zueinander. Ein Markt ist ein Ort, an dem Waren und Dienstleistungen angeboten und gekauft werden. Früher verkaufte man die Waren auf Märkten im Ort. Heute geschieht dieses Anbieten und Verkaufen überall, vom kleinen bis zum großen Geschäft und vor allem immer mehr Online über die ganze Welt. Der Markt ist überall. Das Prinzip von Angebot und Nachfrage ist aber bis heute gleich geblieben. Jeder, der etwas verkaufen will, steht im Wettbewerb und versucht durch bessere Qualität und neuere Produkte mehr Kunden zu gewinnen. Preise steigen, die Waren werden teurer. Preise fallen, die Waren werden billiger, was wir Verbraucher sogar täglich bemerken können. So funktioniert eine „Marktwirtschaft“.

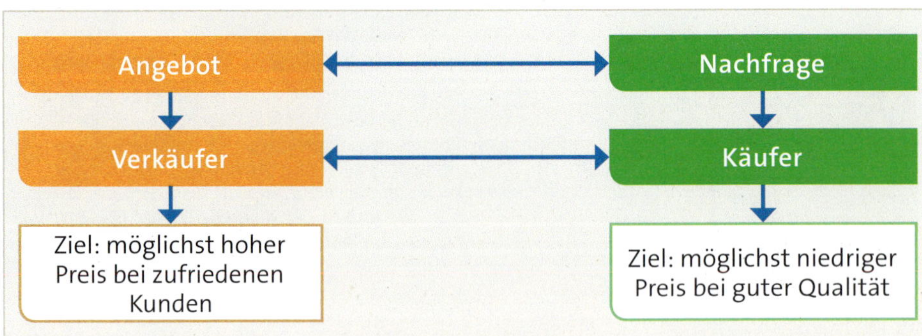

M2 Der Markt als Treffpunkt von Angebot und Nachfrage

Regel 1
Ist das Angebot **kleiner** als die Nachfrage steigen die Preise.

Regel 2
Ist das Angebot **größer** als die Nachfrage fallen die Preise.

Regel 3
Steigende Preise erhöhen das Angebot und senken die Nachfrage.

Regel 4
Sinkende Preise erhöhen die Nachfrage und senken das Angebot.

M3 Preisregeln

M4 Was geschieht hier auf dem Markt?

A Wenn am Abend noch viele Erdbeeren am Verkaufsstand übrig sind, dann wird der Preis...

B Wenn ein neues Handy auf den Markt kommt und viele dieses kaufen, dann wird der Preis...

C Wenn eine Firma ein neues Computerspiel sehr oft verkauft, dann werden andere Firmen versuchen, ...

D Wenn zum Ende des Sommers noch viele Kleidungsstücke übrig sind dann wird der Preis .... aber...

M5 Pizza im Angebot

1 Beschreibe, was ein Markt ist und nenne Beispiele (M1, M2 und Text).

2 **a** Ergänze die Sätze von M4 mithilfe der Preisregeln M3. Schreibe die Lösung in dein Heft.

b Welche Preisregel passt zu den Sätzen von M4? Ordne zu.

3 In der Straße (M5) gibt es drei Pizzastände. Versuche Antworten für folgende Fragen zu finden. Vergleiche mit deiner Partnerin oder deinem Partner.
- Warum sind die Preise unterschiedlich?
- Wer wird die meisten Pizzen verkaufen?
- Bei welchem Stand würdest du deine Pizza kaufen?

Bist du startklar?

CHECK UP

1 Erstelle deinen Einnahme- und Ausgabenplan.
- Benutze ein kleines DIN-A-5 großes Heft oder einen Notizblock.
- Zeichne die Tabelle ab, wie auf der Vorlage.

Führe deine Liste über zwei Monate und werte sie dann aus:
- Ist Geld übrig geblieben?
- Wofür hast du zu viel ausgegeben?

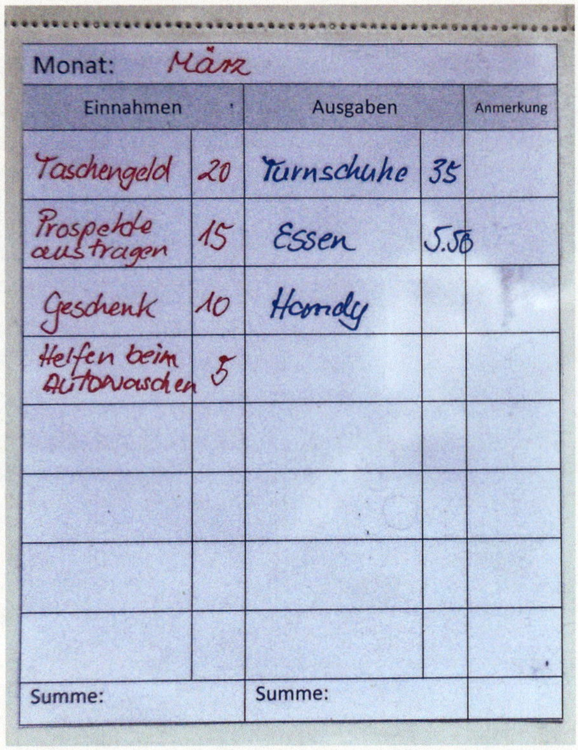

Monat: März

Einnahmen		Ausgaben		Anmerkung
Taschengeld	20	Turnschuhe	35	
Prospekte austragen	15	Essen	5.50	
Geschenk	10	Handy		
Helfen beim Autowaschen	5			
Summe:		Summe:		

2 Ordne die Sätze A–E den zugehörigen Begriffen 1–5 zu.

A Das ist das Prinzip nach dem eine Marktwirtschaft funktioniert.

B Sie finden auf dem Markt zueinander.

C Durch Angebot und Nachfrage bildet sich der Preis der Waren.

D Der Ort, an dem sich Angebot und Nachfrage treffen.

E Jeder, der etwas verkaufen will, versucht durch eine bessere Qualität und neue Produkte Kunden zu gewinnen.

1 Markt

2 Verkäufer und Käufer

3 Preisbildung

4 Wettbewerb

5 Angebot und Nachfrage

3 **a** Schreibe folgende Behauptungen in verbesserter Form in dein Heft. Besprich dich mit deinem Nachbarn. Beachte dabei die beiden Abbildungen zur Preisbildung.

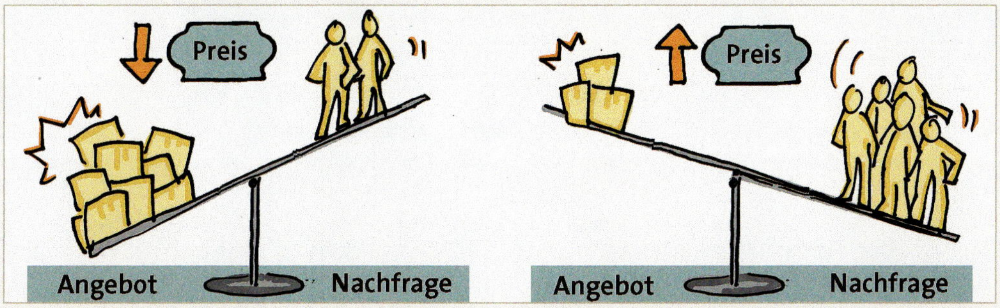

Wenn viele Menschen das gleiche Smartphone kaufen wollen, dann wird es bestimmt billiger.

Wenn im Winter wenig Schnee fällt, wir der Preis für Wintersportartikel im März steigen.

Wer Brot und Semmeln günstig einkaufen will, kauft am besten in der Bäckerei kurz vor 18.00 Uhr.

Wer sich ein neues TV-Gerät aussucht, wählt immer das Modell, das viele andere Kunden auch kaufen.

b b Stelle selbst Behauptungen zum Thema „Angebot und Nachfrage“ auf. Deine Partnerin oder dein Partner überprüft.

4 **a** Lies die Tabelle.

b Finde Geschäfte in deiner Umgebung und ordne sie den Bezeichnungen 1–6 zu. Tipp: Lege dazu eine Tabelle an.

c Vergleiche dein Ergebnis mit deiner Nachbarin oder deinem Nachbarn.

	Bezeichnung	Beschreibung
1	Fachgeschäft	Breites Sortiment einer oder mehrerer Warengruppen, Fachpersonal, Fachberatung, Bedienungsverkauf
2	Lebensmittelgeschäft	Oft „Tante-Emma-Laden“ genannt, Familienbetrieb, oft kleine Verkaufsfläche, kleines Sortiment an Lebensmitteln und Molkereiprodukten, teilweise regionale Produkte, Verkauf durch das Personal im Geschäft
3	Supermarkt	Großes Warenangebot, Selbstbedienung im Lebensmittelbereich, Verkaufsfläche ab 600 m², meist Filiale einer Supermarktkette, zentraler Einkauf und zentrale Verwaltung
4	Discountmarkt	Ähnlich wie Supermarkt, viele Billigprodukte aber auch Markenartikel, einfache Gestaltung des Verkaufsraums, Waren in Kartons, billige Aktionsartikel
5	Warenhaus	sämtliche Waren und Güter, gegliedert in Abteilungen und Stockwerke, Selbstbedienung und Verkauf durch das Personal, Verkaufsfläche bis zu 30.000 m²
6	Verbrauchermarkt	500 m² - 20.000 m² Verkaufsfläche, Artikel für Haus, Garten, Hobby und Freizeit, Selbstbedienung und Beratung

KAPITEL 5

Arbeiten in den Ferien?

Tomaso geht noch zur Schule. Er will die Arbeitswelt kennenlernen. Betriebspraktikum und Ferienjob sind zwei verschiedene Möglichkeiten dazu.

1. *In welchen Beruf würdest du gerne hineinschnuppern?*
2. *Wärst du bereit einen Teil deiner Ferienzeit zu opfern, um gegen Bezahlung zu arbeiten?*

Was wird bei einem Betriebspraktikum gemacht?

Raus aus der Schule – rein in die Arbeitswelt: In der achten Klasse machst du mindestens zwei einwöchige Betriebspraktika. Wer den M-Zug besucht, absolviert in der M9 mindestens ein einwöchiges Praktikum. Weitere zusätzliche Praktikumswochen sind möglich.
Ihr geht dazu in Betriebe und Ausbildungsstätten und sammelt bei praktischer Arbeit Eindrücke und Informationen zu verschiedenen Berufen. Geld gibt es dafür nicht. Das Praktikum soll dir helfen, einen Wunschberuf zu finden, der zu dir passt. Auch die Ausbildungsbetriebe profitieren. Sie lernen junge Leute kennen, die im Idealfall später ihre Auszubildenden werden könnten.

M 1 So war es bei Alina

Alina, 18 Jahre, hat vor drei Jahren die achte Klasse der Mittelschule besucht. „Mir war klar, dass ich einen Beruf im Gesundheitswesen lernen wollte. In der ersten Praktikumswoche war ich in der Praxis eines Hausarztes. Die Arbeit im Labor hat mir am besten gefallen. Deshalb habe ich mein zweites Praktikum im Labor eines Krankenhauses gemacht. Nach einem weiteren Praktikum in den Ferien wusste ich, dass das mein Beruf werden wird. Meinen Ausbildungsvertrag hat mir meine Chefin dann unaufgefordert nach Hause geschickt. Sie hat gesagt: „Wir wollten dich einfach haben.“ Das hat mich total gefreut. Nächstes Jahr mache ich meine Abschlussprüfung als medizinisch-technische Laboratoriumsassistentin. Ich finde es gut, dass ich meinen Beruf im Praktikum erst einmal anschauen und erproben durfte.“

Alina hat ihren Ausbildungsplatz als medizinisch-technische Laboratoriumsassistentin (MTLA) über ein Praktikum gefunden.

1 Welchen Beruf würdest du gerne kennenlernen? Begründe im Gespräch mit deinem Nachbarn.

2 **a** Sammelt in der Gruppe Vor- und Nachteile des Betriebspraktikums. Worauf freust du dich? Wo hast du Bedenken?
b Erstellt anschließend eine Übersicht als Klassenlösung.

M 2 Mittelschullehrer Meier erklärt, wie eine Praktikumswoche abläuft

„Während einer Praktikumswoche hat meine Klasse keinen Schulunterricht. Ich als Klassenleiter besuche alle Schülerinnen und Schüler im Betrieb und befrage sie zu ihren Erfahrungen. Manche Schülerinnen oder Schüler haben Probleme im Praktikum. Ich kann das dann mit ihnen besprechen und ihnen Hilfestellungen geben.
Auch für mich als Lehrer sind diese Praktikumsbesuche lehrreich. Ich treffe meine Schülerinnen und Schüler da in einer ganz neuen Umgebung an. Die Firmenangehörigen erzählen mir von ihren Erfahrungen mit den Jugendlichen. Manchmal bin ich ganz überrascht über die Aussagen, die von den Betriebsangehörigen kommen. Ich erinnere mich an einen Schüler, der sehr gelobt wurde, weil er so gut mit Kunden umgehen konnte. Er hat dann auch gleich einen Ausbildungsplatz als Anlagenmechaniker in seinem Praktikumsbetrieb bekommen und arbeitet heute im Kundendienst einer Heizungsbaufirma.
Mit den Mitarbeitern in den Betrieben sprechen wir auch über die Anforderungen, die sie an ihre zukünftigen Auszubildenden haben. Welche Kenntnisse und Fähigkeiten sind besonders wichtig? Was lernen die Azubis in der Berufsschule und im Betrieb? Bildet der Betrieb in mehreren Berufen aus? So bekommen meine Schülerinnen und Schüler und ich immer wieder neue Informationen über neue Ausbildungsberufe, die Entwicklung auf dem Ausbildungsmarkt und die Firmen vor Ort."

Während des Praktikums im Betrieb.

3 **a** In welchen Berufen haben die Schülerinnen und Schüler der höheren Klassen an eurer Schule bereits ein Praktikum gemacht? Startet eine Umfrage und erstellt eine Häufigkeitsliste (vgl. Methoden-Sammlung, S. 100).
b Welche Berufe stehen bei Jungen und Mädchen auf Platz 1?
c Wertet die Ergebnisse der Umfrage nach Tätigkeitsbereichen (Seite 37) aus.
d Fragt nach, was den Schülerinnen und Schülern in ihrem Praktikum besonders gut gefallen hat.

4 Vereinbart mit den Schülerinnen und Schülern der achten Klasse, dass sie euch in Kurzvorträgen über ihr Praktikum informieren.

Wozu sind Ferien da?

M 1 Elias' Ferienjob

Elias macht einen Ferienjob.

Endlich Sommerferien! Während die meisten seiner ehemaligen Schulkameraden die freien Tage genießen, streicht Elias in einem Zimmereibetrieb Holzbalken für einen Dachstuhl. Acht Stunden am Tag verrichtet der Sechzehnjährige Helfertätigkeiten, die alle irgendwie mit Holz zu tun haben: Schleifen, Streichen, Imprägnieren*, das Kontrollieren von Abmessungen, Aufräumen und vor allem das Be- und Entladen der firmeneigenen Fahrzeuge gehören drei Wochen lang zu seinen Hauptaufgaben. Elias hat im Juni seine Mittlere Reife in der M10 abgeschlossen und wartet auf den Beginn des neuen Schuljahres. Ab September will er die Fachoberschule besuchen und dort das Fachabitur machen.

„Klar arbeite ich hier vor allem wegen des Geldes", erklärt er. „Ich habe bereits gespart und will mir von meinem Verdienst endlich ein neues Dirt Bike* kaufen. Einmal pro Woche treffen wir uns vom Fahrradclub aus auf dem Dirt-Parcour zum Training."

* **Imprägnieren**
Holzteile werden in eine Flüssigkeit getaucht, die tief in das Material eindringt. Nach dem Trocknen sind imprägnierte Teile wasserabweisend und damit unempflindlicher gegen Witterungseinflüsse.

* Ein **Dirt Bike** ist ein sehr stabiles Mountainbike, das vor allem auf speziellen Parcours zum Springen über Schanzen eingesetzt wird. Dieser Typ Fahrrad ist ein reines Sportgerät.

M 2 Nico will in den Ferien nicht arbeiten, sondern seine Freizeit genießen

Wenn Elias nach der Arbeit ins Freibad radelt, trifft er dort manchmal noch seinen Freund Nico. In der Mittelschule war er sein Banknachbar. „Also ehrlich, arbeiten kannst du doch noch früh genug im Leben", sagt Nico kopfschüttelnd. „Ferien sind doch dazu da, dass man sich mal so richtig entspannen kann. Da will ich Sachen machen, für die ich sonst keine Zeit habe. Ganz bestimmt gehe ich in den Ferien nicht arbeiten!"

1 Welcher Ferienjob käme für dich in Frage? Findet Antworten im Klassengespräch.

M 3 Was ist der Unterschied zwischen Ferienjob und Schülerpraktikum?

2 Elias und Nico (**M 1**, **M 2**) verbringen ihre Ferien auf unterschiedliche Weise. Finde mindestens drei Gründe, warum es wichtig ist, dass Schülerinnen und Schüler regelmäßig Ferien haben und schreibe sie auf. Vergleicht innerhalb der Klasse.

3 M Lies **M 3** und stelle die Eigenschaften von Schülerpraktikum und Ferienjob einander gegenüber.

4 Wie sieht ein perfekter Ferientag aus? Macht Vorschläge und gestaltet als Gemeinschaftsarbeit eine Collage. Wie das geht, erfahrt ihr auf Seite 80/81. Eure Kunstlehrkraft kann euch dazu weitere Tipps und Anregungen geben.

Wie werden Jugendliche bei der Ferienarbeit geschützt?

* **Kinderarbeitsschutzverordnung** (KindArbSchV)
Das ist ein Gesetz, das verhindern soll, dass Kinder ausbeuterisch beschäftigt werden oder wegen ihrer Arbeitstätigkeit in ihrer Entwickung beeinträchtigt werden.

Kinder und Jugendliche dürfen zwar arbeiten, sollen aber dennoch ein altersgerechtes Leben mit genügend Freizeit führen können. Damit Freizeit und Schule nicht zu kurz kommen, ist die Arbeitszeit für Kinder und Jugendliche in Deutschland gesetzlich geregelt. Je älter du bist, desto mehr darfst du arbeiten. Die Regelungen stehen im Jugendarbeitsschutzgesetz* und in der Kinderarbeitsschutzverordnung*.

M1 Arbeitszeitregelungen für Ferienjobs

Korbinian (12 Jahre): Er darf noch gar kein Arbeitsverhältnis eingehen. Wer noch nicht 13 Jahre alt ist, darf in Deutschland gar nicht arbeiten.

Samy (14): Sie darf nebenbei jobben. 13- und 14jährige dürfen jedoch noch keine „richtige" Ferienarbeit annehmen. Sie dürfen aber – genauso wie während der Schulzeit – leichte Arbeiten verrichten; maximal zwei Stunden pro Tag, an maximal fünf Tagen pro Woche.

Czaba (15): Ab 15 kann man einen „richtigen" Ferienjob annehmen. Die Bedingungen:

- maximal für vier Wochen im Jahr
- an maximal 40 Stunden pro Woche
- maximal 8 Stunden pro Tag
- die Arbeit darf morgens frühestens um 6 Uhr beginnen
- spätester Arbeitsschluss ist 20 Uhr

Melina (16): Für sie gelten dieselben Regelungen wir für Czaba. Weil sie älter ist, gibt es für sie aber schon Ausnahmen bei der Arbeitszeit:

- Helfen Jugendliche in der Landwirtschaft mit, dürfen sie in der Erntezeit 9 statt 8 Stunden pro Tag arbeiten.
- Außerdem dürfen 16jährige z.B. in Bäckereien auch schon um 5 Uhr morgens anfangen (17jährige sogar schon um 4 Uhr morgens).
- Abends Schluss machen müssen 16- bis 17jährige spätestens um 21 Uhr, in der Gastronomie um 22 Uhr.

M2 Einschränkungen bei der Art der Arbeit

Das ist für Minderjährige generell verboten:

- Wochenendarbeit (§ 16 und 17 JArbSchG)
- Nachtarbeit (§ 14 JArbSchG)
- schwere Lasten tragen (§ 2 KindArbSchV)
- gefährliche Arbeiten (§ 2 KindArbSchV)
- Arbeit unter erschwerten Bedingungen, z. B. große Hitze, Kälte, Lärm ... (§ 2 KindArbSchV)
- Arbeiten, die Kinder und Jugendliche noch nicht bewältigen können (§ 2 KindArbSchV)

* **Jugendarbeitsschutzgesetz** (JArbSchG)
Dieses Gesetz schützt alle, die noch nicht 18 Jahre alt sind, eine Berufsausbildung machen oder einer Beschäftigung nachgehen. Auch Jobben und Ferienarbeit für Schüler sind in diesem Gesetz geregelt.

M3 Für jugendliche Ferienjobber verboten, für Erwachsene erlaubt...

1 Je älter Kinder und Jugendliche sind, desto länger dürfen sie arbeiten. Fasse die Arbeitszeitregelungen aus **M1** in einer Tabelle zusammen.

2 **a** Betrachte **M2** und **M3**. Was dürfen Jugendliche nicht? Finde ein Beispiel für jedes Verbot aus **M2**.

b Warum dürfen Kinder und Jugendliche noch nicht genauso arbeiten wie Erwachsene? Erkläre anhand der Abbildungen in **M3**.

Was ist Kinderarbeit?

M1 Hamdi erzählt seine Geschichte

„Trägst du mal bitte den Müll raus?", bittet Frau Müller ihre zwölfjährige Tochter Marie. Marie ziert sich. Mit den Worten „Immer ich! Kinderarbeit ist verboten!", schnappt sie sich widerwillig den Mülleimer und läuft zum Treppenhaus.

Hamdi, der heute bei den Müllers zu Besuch ist, wundert sich. „Einmal Müll rausbringen ist doch keine Arbeit. Da haben meine Brüder und ich schon anderes erlebt ..."
Bevor sie nach Deutschland kamen, lebte Hamdi mit seiner Familie in einem anderen Land, in dem auch die Kinder arbeiten mussten. „Ich war mit zwölf Jahren der Älteste, meine kleinen Brüder waren damals zehn und acht Jahre alt, meine kleine Schwester drei. Ich arbeitete in einem Schlachtbetrieb. Fleisch zerlegen war eine sehr schwere und sehr dreckige Arbeit. Ich verdiente umgerechnet 80 Cent in der Stunde. Das war ein hoher Lohn für ein Kind. Meine kleinen Brüder mussten auch arbeiten – in einer T-Shirt-Fabrik. Sie reichten den Näherinnen dort Stoffteile zu,

stapelten die fertigen T-Shirts und verpackten sie. Sie arbeiteten zwischen sechs und acht Stunden am Tag und bekamen nur 50 Cent pro Stunde. Nur am Freitag waren die Näherei und die Schlachterei geschlossen. Das war unser Feiertag, an dem uns unsere Eltern verwöhnten."
Seit zwei Jahren lebt die Familie in Deutschland. „Meine Geschwister und ich müssen nun nicht mehr arbeiten. Wir dürfen jetzt zur Schule gehen. Dafür sind wir sehr dankbar."

1 Mit welchen Arbeiten beteiligst du dich zuhause an der Hausarbeit? Besprich dich mit deinem Nachbarn.

2 Warum ist es sinnvoll, dass sich Kinder und Jugendliche an der Hausarbeit beteiligen? Findet in der Gruppe fünf Gründe und vergleicht eure Ergebnisse in der Klasse.

3 Der Paragraf 1619 BGB bestimmt, dass ein Kind „in einer seinen Kräften und seiner Lebensstellung entsprechenden Weise" zuhause mithelfen muss. Erkläre den Inhalt des Gesetzes mit eigenen Worten.

Was ist eigentlich Kinderarbeit? Wenn Marie auf Bitten ihrer Mutter den Müll rausträgt? Sicher nicht! Mithilfe der Kinder im Haushalt gehört zum Zusammenleben einer Familie dazu. Das steht sogar im Bürgerlichen Gesetzbuch (BGB), das das Zusammenleben der Bürger in Deutschland regelt. Anders ist der Fall bei Hamdi und seinen Brüdern. Ihre Arbeit war ausbeuterisch und schadete den Kindern.

§ 1619 BGB, Dienstleistungen in Haus und Geschäft

Das Kind ist, solange es dem elterlichen Hausstand angehört und von den Eltern erzogen oder unterhalten wird, verpflichtet, in einer seinen Kräften und seiner Lebensstellung entsprechenden Weise den Eltern in ihrem Hauswesen und Geschäft Dienste zu leisten.

M 2 Wann soll Kinderarbeit immer verboten sein?

UNICEF* sagt, Kinderarbeit soll weltweit verboten sein, wenn...

- die Kinder jünger als 14 Jahre sind
- die Kinder vollbeschäftigt werden
- sie zu viel Verantwortung tragen, unter langen Arbeitszeiten und schlechter Bezahlung leiden
- die Arbeit langweilig und monoton ist
- das Arbeitsumfeld gefährlich ist, zum Beispiel auch im Bergwerk oder auf der Straße
- die Arbeit sie körperlich oder seelisch zu stark belastet
- keine Zeit und Kraft mehr für die Schule und zum Lernen bleiben

* **UNICEF** ist das Kinderhilfswerk der Vereinten Nationen und setzt sich weltweit für die Rechte von Kindern ein. Dazu gehören zum Beispiel Aktionen für Bildung, Flüchtlingshilfe, medizinische Versorgung und vieles mehr.

M 3 Teufelskreis der Kinderarbeit

4 Lies die Geschichte von Hamdi (M 1) Überprüfe, inwiefern die Arbeit der Kinder nach der Definition von UNICEF (M 2) nicht erlaubt war.

5 **a** Erkläre den Inhalt des Schaubildes M 3 mit eigenen Worten.
b An welcher Stelle hat Hamdis Familie den Teufelskreis durchbrochen?

Eine Collage anfertigen

Eine Collage ist eine Kunstform, bei der aus vielen kleinen Elementen etwas Neues geschaffen wird. Sie kann aus Bildern, Schnipseln, echten Gegenständen, Naturmaterialen, Stoff usw. bestehen. Viele Einzelheiten fügen sich zu einem Bild zusammen, das der Betrachter mit seinen eigenen Erfahrungen und Erinnerungen vergleichen kann. Der Künstler Robert Rauschenberg hat das so ausgedrückt: „Ich bin der Meinung, dass ein Bild wirklicher ist, wenn es aus Teilen der wirklichen Welt gemacht ist."
Eine Collage selber zu machen ist gar nicht schwierig. So gehst du dabei vor:

1. Schritt: Brainstorming

Brainstorming ist Englisch und bedeutet so viel wie Gedankensturm. In dieser Phase sollt ihr euch überlegen, welche Inhalte euch zu einem Thema einfallen. Welche Bilder verbindet ihr mit diesen Inhalten im Kopf? Heißt das Thema z.B. „Schöne Ferien!", denkst du daran, dass du dann morgens lange ausschlafen kannst. Dazu passt vielleicht das Bild einer schlafenden Person im Bett. Haltet eure ersten Vorstellungen in einer Tabelle fest.

lange schlafen	*Kind im Bett mit Traumgedankenblase*
Fußballspielen	*Fußball und Fußballspieler*
Spaß im Freibad	*Bild vom Rutschen, Luftmatratze, Eintrittskarte*
Eis essen	*Bild von einem Eisbecher*

2. Schritt: Auswahlphase

Wählt jetzt aus eurer Tabelle diejenigen Ideen und Vorstellungen aus, die ihr in eurer Collage umsetzen wollt. Wie lässt sich eure Vorstellung am besten umsetzen? Gibt es irgendwelche realen Gegenstände, die sich einbauen lassen? (Sand und Muscheln für einen Sandstrand, Eintrittskarten, Blumen ...?)

3. Schritt: Material sammeln und sichten

Sucht euch aus Zeitschriften Texte und Bilder aus, die zu eurem Thema passen. Wenn ihr keine fertigen Bilder findet, könnt ihr selber fotografieren, malen oder basteln. Sammelt Material, das farblich zu eurer Thematik passt. Eine Collage wird zum Hingucker, wenn nicht nur Papier auf Papier klebt, sondern auch ungewöhnliche Materialien wie Stoff, Bänder, Pappe, Fotos, Fundstücke das Auge des Betrachters auf sich ziehen.

4. Schritt: Material vorbereiten und anordnen

Bereitet euer Material vor, ordnet es auf einer Unterlage – z.B. einem großen Bogen Tonkarton – an. Bildränder wirken interessanter, wenn sie keine glatten, sondern gerissene Kanten haben. Überlegt deshalb, ob es sinnvoll ist, alle Bilder mit der Schere auszuschneiden. Lücken lassen sich am besten mit einer feinen Nagelschere oder einem Cutter-Messer ausschneiden. Ordnet jetzt alle eure Einzelteile auf der Unterlage an und fotografiert den Entwurf als Vorlage.

Hier siehst du einen Ausschnitt aus dem Bild von Emma. Sie hat mit Wasserfarben verschiedene Blautöne gemalt und sie anschließend zu Wellen zerrissen. Die Schaumkronen auf dem Bild sind die Risskanten.

5. Schritt: Material fixieren

Jetzt müsst ihr eure Einzelteile mit Kleber auf der Unterlage befestigen. Papier klebt gut mit Tapetenkleister. Für Stoff und Plastikfolien braucht ihr Acrylkleber. Reale Objekte, die etwas sperriger und schwerer sind, befestigt ihr am besten mit der Heißklebepistole. Fragt eure Kunstlehrkraft, ob sie euch Hilfestellung geben kann.

Janis zeigt mit seiner Collage, wie er sich tolle Ferien vorstellt.

Bist du startklar?

1 Erlaubt oder nicht erlaubt? Prüfe die drei Fälle und begründe deine Entscheidung.

A Karla (12) unterstützt in den Osterferien ihre ältere Schwester beim Austragen von Werbeblättern: Jeweils am Dienstag und Donnerstag machen sich die beiden für eine Stunde auf den Weg durch den Ort.

B Ersin (15) möchte nach der Schule eine Bäckerlehre machen. Er bewirbt sich in einer kleinen Familienbäckerei um einen dreiwöchigen Ferienjob. Der alte Bäckermeister sagt: „Du hilfst am besten unserem Gesellen Karl. Du fängst wie er morgens um fünf in der Backstube zu arbeiten an. Ab 13 Uhr hast du frei und kannst dann noch mit deinen Klassenkameraden ins Freibad gehen."

C Erik (17) hilft zusammen mit seinem volljährigen Bruder in den Sommerferien bei der Getreideernte. Die beiden Buben kommen zwei Wochen lang täglich erst in der Dämmerung um ca. 21 Uhr nach Hause.

2 Kinder brauchen Ferien! Gestalte zu dem Thema eine Mindmap in deinem Heft.

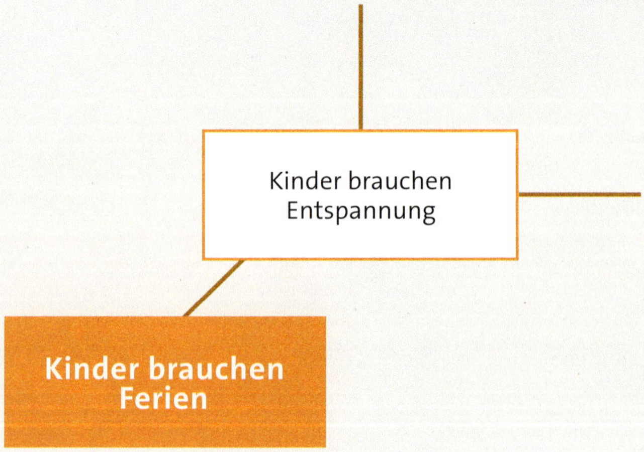

3 Herr Krämer, Mitarbeiter beim Kinderhilfswerk UNICEF, informiert über die Kinderarbeit von Flüchtlingskindern. Was meint Herr Krämer mit dem Teufelskreis der Kinderarbeit? Erkläre den Begriff mit eigenen Worten.

UNICEF hat in verschiedenen Ländern Flüchtlingskinder befragt, die arbeiten müssen. Ungefähr die Hälfte der Kinder arbeiten mindestens sieben Stunden täglich. Ein Drittel arbeitet sieben Tage die Woche. Viele sind erst fünf oder sechs Jahre alt. Diese Kinder laufen Gefahr, den Anschluss zu verlieren, und aufgrund ihrer schlechten Ausbildung in einen Teufelskreis der Kinderarbeit zu geraten.

4 Konstantin (15) und Charlotte (14) sind Geschwister. In den Sommerferien will Konstantin zwei Wochen lang einen Ferienjob machen, Charlotte hat sich bei einer Firma um ein Ferienpraktikum beworben. „Da seid ihr ja beide in den Ferien ganz schön fleißig“ lobt ihre Oma anerkennend. „Was ist denn der Unterschied zwischen einem Ferienjob und einem Ferienpraktikum? Ist das nicht das gleiche?“, fragt die alte Frau. Konstantin und Charlotte erklären... Spielt das Gespräch szenisch nach.

KAPITEL 6

Technik im Haushalt

Technik begegnet uns nicht nur im Betrieb, sondern auch Zuhause und hat sich im Laufe der Zeit verändert. Musste man früher noch mit einem Besen den Boden fegen, kann man heute mit einem Staubsauger den Boden reinigen. Es gibt verschiedenste Staubsauger – inzwischen auch Roboterstaubsauger, die von alleine saugen.

1. *Beschreibe und vergleiche die beiden Bilder.*
2. *Wie würdest du lieber bei dir zu Hause den Boden reinigen? Begründe.*

Welche Geräte gibt es bei dir zu Hause?

M 1 Aurélie räumt den Geschirrspüler ein

Ich räume den Geschirrspüler ein. Im unteren Fach haben viele Teller Platz, sowie der Topf, in dem mein Papa die Spaghetti gekocht hat. Das Besteck stelle ich in den Besteckkorb, die Gläser reihe ich im oberen Fach nebeneinander auf. Sobald der Geschirrspüler voll ist, schalte ich diesen an, und in zwei Stunden ist alles sauber und trocken.

M 2 Familie Laurent teilt sich die Hausarbeit

Bei der Familie Laurent sind die Aufgaben verteilt. Papa Stéphan arbeitet von zu Hause aus. Mama Angelika kommt immer erst am Nachmittag von der Arbeit, hilft dann aber genauso im Haushalt mit.

Das ist Stéphan, Aurélies Papa. Er kocht mittags für sich und die Kinder. Die Familie hat einen Induktionsherd, da kocht das Wasser in kürzester Zeit. Beim Einschalten einer Kochplatte wird ein elektromagnetisches Feld erzeugt. Sobald man Kochgeschirr mit magnetischem Boden darauf stellt, wird der Boden des Topfes oder der Pfanne direkt erhitzt, weil er die Energie des Magnetfeldes in Wärme umwandelt.

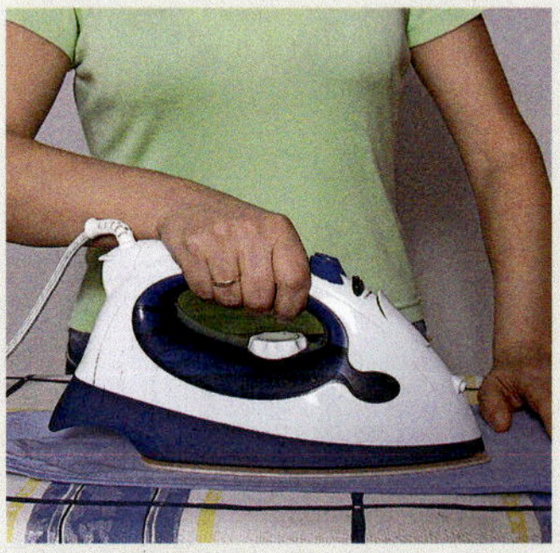

Angelika ist die Mutter von Aurélie und Mathéo. Nach ihrem Arbeitstag gibt es zu Hause immer etwas zu tun. Heute will sie Hemden und Blusen bügeln. Zum Bügeln benutzt sie ein Dampfbügeleisen. Sie füllt Wasser in den Tank des Bügeleisens. Beim Betrieb wird das Wasser erhitzt und tritt auf der glatten Bügelfläche aus kleinen Löchern als Dampf aus. Dadurch werden die Hemden und Blusen sehr schön glatt.

Das ist Mathéo. Für das Wäschewaschen ist er heute zuständig. Er sortiert die Wäsche in Körben nach Farbe und Temperatur. Handtücher wäscht er zum Beispiel bei 60 Grad. Dafür gibt es ein extra Programm.

Es gibt eine große Vielfalt an technischen Geräten, die einem den Alltag erleichtern und Zeit sparen. Viele dieser Geräte muss man nur programmieren, so dass das Gerät die Arbeit von alleine erledigt. Bei den zahlreichen Aufgaben, die in einem Haushalt anfallen, sind technische Geräte kaum wegzudenken.

M 3 Technische Geräte im Haushalt

Gerät	Wofür wird es benutzt?	Wie wird es benutzt?	Wie würdest du ohne das Gerät arbeiten?	Vorteile	Nachteile
Mikrowelle 	Erwärmen von kaltem Essen	Essen hineinstellen – Wattstärke und Dauer des Erhitzens wählen	Essen auf dem Herd oder im Backofen erwärmen	Es geht schnell, ...	Nährstoffe des Essens werden zerstört, ...
Laptop 	Schreiben von Dokumenten, Internetsuche, ...	Schreibprogramm öffnen – Text tippen	Mit der Hand Schreiben, mit der Schreibmaschine ...	Speichern von Dokumenten, ...	-teuer, verbraucht Strom, ...
Kaffeemaschine 	Aufbrühen von Kaffee	Filterpapier einlegen, Kaffeepulver einfüllen, Wasser einfüllen, ...	Wasser auf dem Herd erhitzen – ...	?	?
?	?	?	?	?	?

1 Familie Laurent benutzt viele verschiedene technische Geräte zu Hause (M 1, M 2). Welche fünf technischen Haushaltsgeräte benutzt du am meisten? Beschreibe, wann und wo du das Gerät einsetzt.

2 **a** Wir haben uns an das Benutzen technischer Geräte gewöhnt. Welches technische Haushaltsgerät würdest du am meisten vermissen? Erkläre.

b Welches Gerät würde deinen Eltern am meisten fehlen? Erkläre erneut.

3 Wie könnte man die Tabelle M 3 weiter ausfüllen? Gestalte in deinem Heft eine Tabelle mit drei Geräten deiner Wahl. Nutze die Tabelle als Vorlage.

Wir erkunden verschiedene Rasenmäher

* **Rasenmäher** sind Maschinen zum Mähen von Rasen oder Wiesen. Früher wurden Wiesen mit Sensen oder Sicheln mit der Hand und Muskelkraft gemäht. Das war sehr zeitaufwändig und mühsam. In England kamen nach 1800 zwei Moden auf: Gärten mit sehr großen Rasenflächen sowie die Sportarten Rasentennis und Cricket. Dafür benötigte man kurz geschnittene Rasenflächen. Ab 1830 wurden in England die ersten Handrasenmäher mit einer drehenden Spindel hergestellt. 1902 folgte der erste Rasenmäher mit Motorantrieb.

Frau Nistler und Herr Connor sind Nachbarn. Beide pflegen ihren Rasen im Garten. Das regelmäßige Mähen ist für sie sehr wichtig. Frau Nistler benutzt einen gewöhnlichen Rasenmäher*, der mit Benzin betrieben wird, Herr Connor hat sich einen elektrischen Rasenmähroboter gekauft.

M1 Frau Nistler kürzt mit ihrem Rasenmäher den Rasen

Ich mag den Geruch von frisch geschnittenem Gras beim Rasenmähen. So arbeitet mein Mäher: Vom Motor angetrieben, drehen sich die scharfen Messer ständig im Kreis und schneiden das Gras ab. Wenn ich den Mäher mithilfe des Führungsholms über den Rasen schiebe, erhalte ich einen gleichmäßig geschnittenen Rasen. Der Luftstrom, den die Messer erzeugen, bläst den Rasenschnitt in die Grasfangbox. Den Rasenschnitt kompostiere ich.

Frau Nistler hat dir beschrieben, wie ihr Rasenmäher aussieht und funktioniert. Aussehen und Funktion sind zwei wichtige Bestandteile einer Technikerkundung.

M2 Aufbau eines Rasenmähers mit Verbrennungsmotor

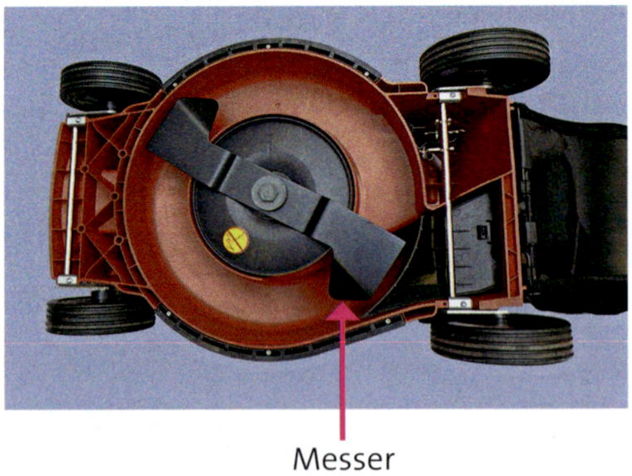

M3 Herr Connor und sein Mähroboter

Gestern habe ich Frau Nistler am Zaun getroffen. Sie hat gerade ihren Rasen gemäht. Die Arbeit ist sehr anstrengend. Ich habe ihr eine Infobroschüre meines Mähroboters gegeben, damit sie sieht, wie sich mein Rasenmäher von ihrem unterscheidet.

M4 Werbebroschüre für einen Mähroboter

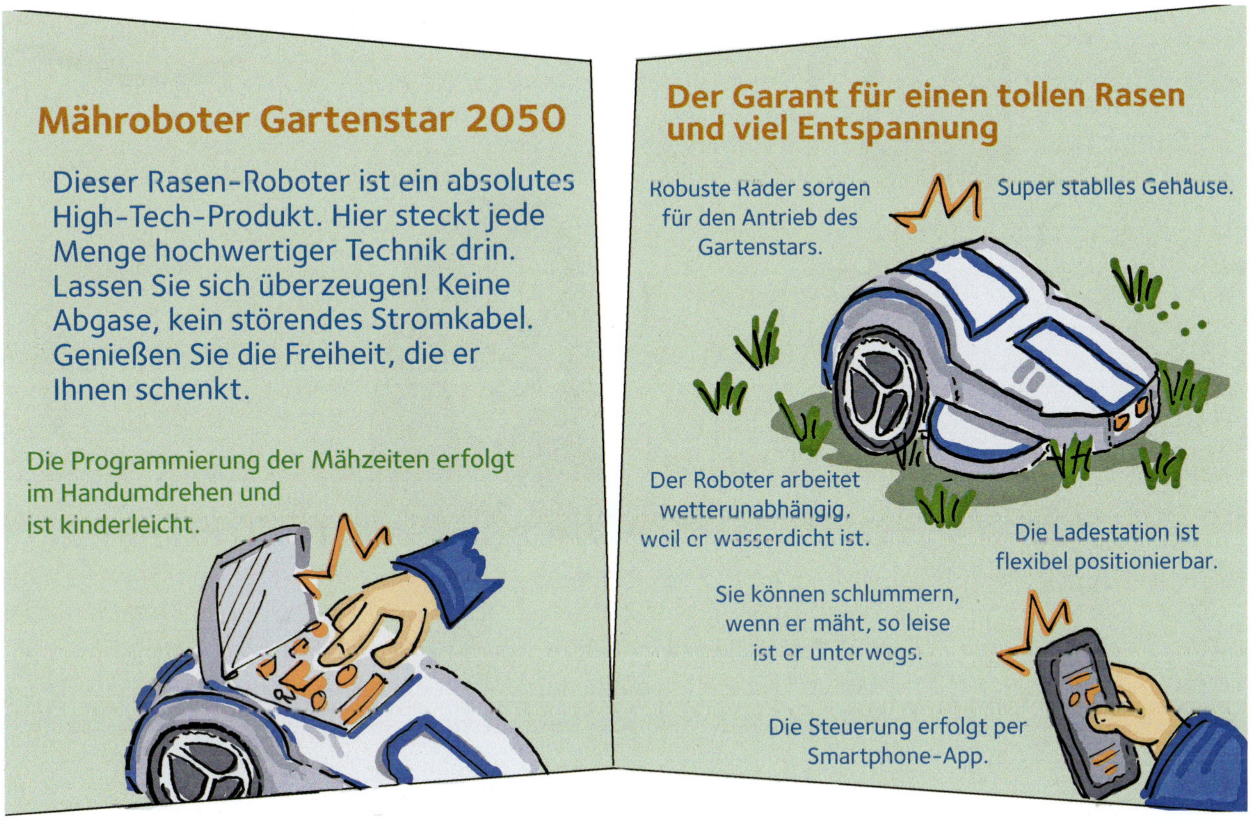

1 **a** Herr Connors Infobroschüre wirbt für einen Rasenmähroboter. Recherchiere nach fehlenden Details und Nachteilen, um Notizen für eine Technikerkundung zu sammeln (siehe nächste Seite, Methode: Ein technisches Gerät erkunden).
b Erkläre, warum ein Mähroboter für Tiere gefährlich sein kann.

2 Erstellt in Gruppenarbeit zu jeweils einem Mähroboter eine Wandzeitung. Tipp: siehe Seite 30, Methode Wandzeitung.

3 Führe zu Frau Nistlers Benzinmotor-Rasenmäher eine Technikerkundung durch wie auf der folgenden Methodenseite beschrieben. Tipp: Schau dir einen derartigen Rasenmäher bei jemandem zu Hause oder in einem Geschäft an.

Ein technisches Gerät erkunden

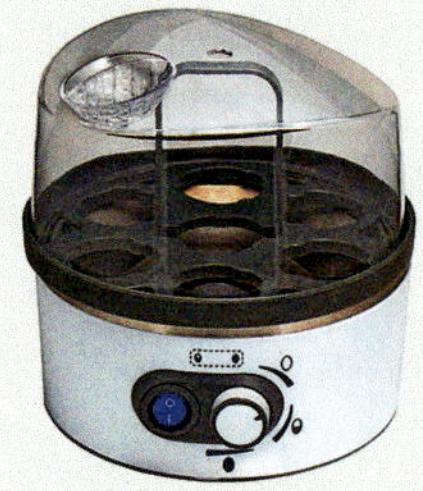

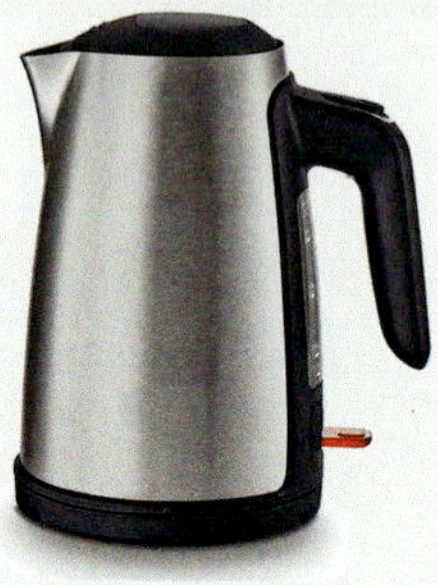

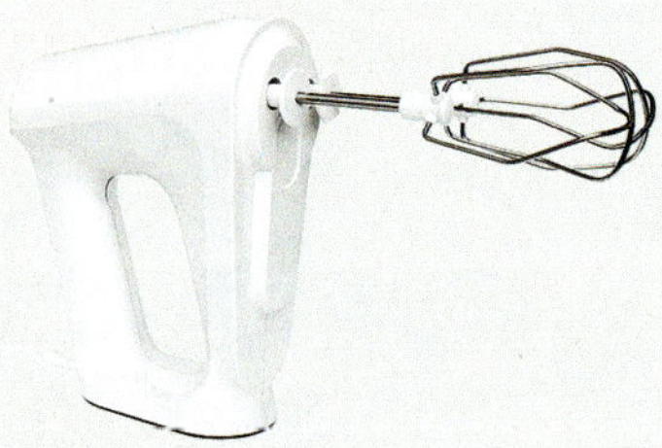

Bei dir zu Hause gibt es bestimmt eine Vielzahl an technischen Geräten. Um deinen Mitschülern von dem technischen Gerät zu berichten, das du am häufigsten im Haushalt benutzt, musst du über dein Gerät besonders viel wissen. So kannst du dein Gerät gut kennenlernen.

1. Schritt: Betrachtung von außen

Welche Form hat dein technisches Gerät?
- Nenne die Farbe.
- Gib die Größe deines Gerätes an.
- Aus welchem Material besteht dein Gerät?
- ...

2. Zeichnung des Geräts

- Zeichne das Gerät per Hand.
- Beschrifte die wichtigsten Bestandteile.
- ...

3. Schritt: Funktion des Geräts

Erkläre, wofür man das Gerät verwendet.
Recherchiere im Internet, wie das Gerät funktioniert.
Fertige ggf. eine zusätzliche Zeichnung an, indem du zeigst, wie das Gerät im inneren funktioniert.
Welche Voraussetzungen sind für die Funktion nötig?
Welche Rolle spielen Form, Gestaltung und Aussehen für die Funktion?
...

4. Schritt: Nutzen darstellen

Zu welchem Zweck wird das technische Gerät eingesetzt?
Dient es nur einem Zweck oder gibt es mehrere?
Nenne die Vorteile für die Nutzer des Gerätes.
Was kann damit schneller, leichter, einfacher erarbeitet werden?
Welche Nachteile hat das Gerät?
...

5. Schritt: Allgemeines

Nenne die Voraussetzungen, um das Gerät in Gang zu setzen.
Mit welcher Energie funktioniert es?
Welche Kosten fallen bei deinem Gerät an (Strom, Ersatzteile...)?
Wie verständlich ist die Gebrauchsanleitung?

Was können Multifunktionsgeräte?

In den letzten Jahren kommen in den Küchen immer häufiger Multifunktionsgeräte* (M1) zum Einsatz. Derartige Geräte werden jedoch schon seit mehr als 50 Jahren angeboten. Sie verfügen über zahlreiche Funktionen (siehe M2 und Infobox). Es gibt sie von vielen Herstellern und zu unterschiedlichen Preisen. Nutzt auch ihr zu Hause ein solches Gerät?

* **Multifunktionsgeräte** verfügen, wie ihr Name schon sagt (multi = viele), über zahlreiche Funktionen. Es gibt sie in den unterschiedlichsten Bereichen, so z.B. als Smartphone, Drucker, Küchengerät oder auch Werkzeug für die Hosentasche. Sie sind besonders praktisch, da sie viele einzelne Geräte ersetzen.

M1 Ein modernes Multifunktionsgerät im Einsatz

M2 Aus der Betriebsanleitung eines Multifunktionsgerätes

Funktionen des Gerätes

- Dampfgaren von Fisch, Gemüse oder Fleisch
- Kneten (Teig)
- Kochen und Erhitzen mit automatischer Temperaturkontrolle
- Eismachen
- Mixen
- Mahlen
- Rühren
- Wiegen
- Zerkleinern
- ...

M3 Diskussion zwischen Herrn Yilmaz und Frau Peters

1 M Notiere Geräte, die ein Küchenmultifunktionsgerät ersetzt! Nutze dazu M2.

2 **a** M Fasse die Standpunkte von Herrn Ylmaz und Frau Peters (M3) in eigenen Worten zusammen und Sammle die Pro- und Kontra-Argumente in einer Tabelle.

b Wem stimmst du zu? Begründe.

c Ergänze weitere Argumente. Befrage hierzu auch jemanden aus deiner Familie.

d Spielt die Diskussion im Rollenspiel nach und bezieht eure Ergebnisse mit ein.

3 M Würde sich ein Multifunktionsdrucker für dich zu Hause lohnen? Begründe deine Entscheidung.

Wie entsorgt man technische Haushaltsgeräte?

Der Kühlschrank von Familie Anderson ist kaputt und lässt sich nicht mehr reparieren. Die Familie kauft ein gutes gebrauchtes Gerät von einem Bekannten. Das alte Gerät bringt Herr Anderson mit dem Auto zum Wertstoffhof. Dort stellt er es in einen großen Container (M 1). Damit ist das alte Gerät für die Familie bald vergessen. Doch was passiert mit dem alten Kühlschrank? Wie geht es damit nach dem Abstellen im Container weiter? Warum werden Elektrogeräte getrennt gesammelt?

M 1 Alte Geräte aus dem Haushalt auf dem Wertstoffhof

M 2 Warum Elektrogeräte getrennt gesammelt werden

In unseren Haushalten nutzen wir viele unterschiedliche Elektrogeräte, wie Handys, Tablet-PCs, Radioanlagen, Bildschirme oder Fernseher. Weil immer wieder neue und noch bessere Geräte verfügbar sind, werden viele Geräte entsorgt, obwohl sie noch einwandfrei funktionieren. Pro Jahr entstehen so in Deutschland ca. 1,8 Millionen Tonnen Elektroschrott. Viele der Materialien aus den Geräten (Kupfer, Aluminium, Gold) können wieder direkt für die Herstellung neuer Geräte genutzt werden (Recycling). Andere Materialien sind gefährlich für Umwelt und Mensch und müssen aufwändig getrennt und vorsichtig behandelt werden. In vielen Elektrogeräten befindet sich die giftigen Stoffe Quecksilber, Blei oder Cadmium. Deswegen ist eine Trennung von Restmüll und elektrischen Geräten unbedingt erforderlich. In allen Städten und Gemeinden sind Wertstoffhöfe eingerichtet, wo man die Geräte kostenlos abgeben kann. Der Prozess zur Rückgewinnung der Rohstoffe aus den alten Geräten ist allerdings sehr schwierig.

1 Beschreibe, wo man ein technisches Gerät entsorgen kann (Text, **M 1**).

2 Erkläre, warum Restmüll und elektrischen Geräten getrennt entsorgt werden (**M 2**).

3 Informiere dich im Wertstoffhof deiner Gemeinde oder Stadt über die Entsorgung technischer Geräte aus dem Haushalt. Tipp: Erstelle eine Tabelle zur Mülltrennung.

4 Versuche herauszufinden, was mit den alten Handys passiert und berichte in der Klasse.

Wenn ein altes Gerät nach vielen Jahren der Nutzung kaputt geht, hat das nicht nur Nachteile. Familie Anderson freut sich, dass ihr neuer Kühlschrank deutlich leiser läuft. Die Stromrechnung der Familie wird kurz darauf geringer. Für die Hersteller von Kühlschränken ist auch wichtig, dass immer wieder neue und effizientere Geräte produziert werden. Es liegt im Interesse der Kühlschrankhersteller, dass immer wieder neue Geräte gekauft und hergestellt werden müssen. So hängen viele Arbeitsplätze davon ab, dass neue Geräte immer wieder alte ersetzen.

M3 Die Energiesparlabels auf neuen Geräten am Beispiel einer Waschmaschine

Energiesparlabels müssen in allen Ländern der EU jedem neu hergestellten Haushaltsgerät beiliegen. Meist kleben sie auf den Geräten. Diese Labels sind wie Ausweise gestaltet und machen es den Käufern leicht, Geräte miteinander zu vergleichen. Rechts kannst du sehen, wie ein solches Label aufgebaut ist. Vor allem sollen die Käufer schnell erkennen, wie viel Energie ihr Gerät verbraucht. Da verschiedene Geräte unterschiedlich viel leisten, werden viele Eigenschaften wie die maximale Leistung und die Größe berücksichtigt. Zurzeit werden sieben Energieeffizienzklassen (A bis G) benutzt. A+++ steht für gut, D für sehr schlecht. In Deutschland werden nur Waschmaschinen mit Klasse A angeboten.

So sieht das Waschmaschinenlabel aus

Die Werte auf dem Energieetikett beziehen sich auf ein Standardwaschprogramm, meist bei 60 Grad. Dieses Energiesparprogramm wäscht am günstigsten.

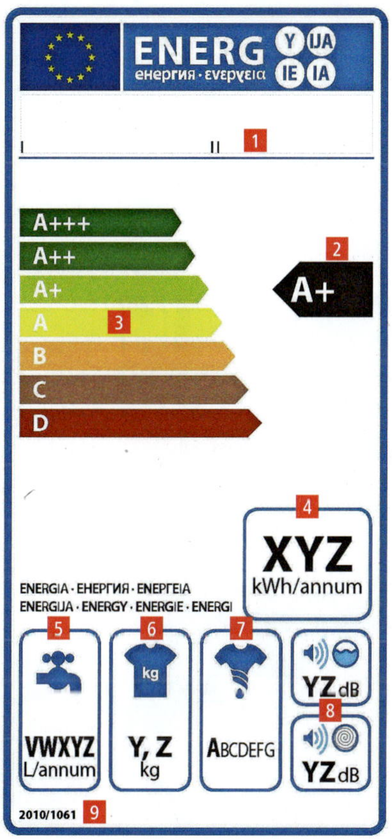

1 Name oder Marke des Anbieters, Modellbezeichnung

2 Energieeffizienzklasse

3 Sieben Balken zur farblichen Kennzeichnung des Klassen

4 Stromverbrauch pro Jahr (Kilowattstunden für 220 Wäschen)

5 Wasserverbrauch pro Jahr (Liter für 220 Wäschen)

6 Maximale Füllmenge (Kilogramm)

7 Schleuderleistungsklasse

8 Geräusch (Schallleistung: Dezibel) beim Waschen und Schleudern

9 Nummer der EU-Verordnung

Quelle. CECED Stand: Januar 2011

5 Informiere dich über die aktuellen Energieeffizienzlabels (M3) und vergleiche verschiedene Kühlschränke nach ihrer Energieeffizienzklasse. Tipp: Achte auch auf die Preise.

6 Begründe, wann der Wechsel auf ein neues Gerät sinnvoll ist. Nutze M3.

7 Es hat auch Vorteile, wenn Geräte lange genutzt werden. Ermittele, wofür noch Energie im Leben eines Kühlschranks verbraucht wird.

Wir vergleichen technische Geräte – früher und heute

Du hast dich auf den vorherigen Seiten mit dem Rasenmäher, dem Küchen-Multifunktionsgerät und dem Kühlschrank beschäftigt. Bei all diesen Geräten führt der technische Fortschritt zu einer Erweiterung der Funktionen. Der Aufwand beim Benutzen änderte sich teils deutlich, wie auch die entstehenden Kosten. Moderne Geräte verändern in fast jedem Haushalt das Leben der Menschen auch durch die Art und Weise, wie sie bedient und genutzt werden (M1).

M 1 Technische Geräte – ein Vergleich früher und heute

1970er Jahre	Funktion	2020er Jahre
	**Wäsche waschen** programmieren → ← an Schaltern drehen	
	**TV-Programme sehen** Sprachsteuerung, mehrere hundert Sender → ← Schalter drücken, meist nur drei Sender (oft in schwarzweiß)	
	**Löcher bohren** bohren und schrauben → ← nur bohren, dreht nur in eine Richtung	
	**Räume heizen** Wärme und Lüftung regulieren → ← Kohle oder Holz verbrennen	

M 2 Nicht jeder kann Geräte richtig nutzen...

Letztes Wochenende habe ich mich um die Katze und die Pflanzen im Haus meiner Tochter gekümmert, die mit ihrer Familie im Urlaub gewesen ist. Ich musste kaum was tun. Die Heizung und die Rollos werden über ihr Smartphone gesteuert. Das Fernsehen funktioniert über den Computer. Ich war froh, als ich wieder bei mir zu Hause war. Da geht alles mit einfachen Schaltern und so wie ich es will.

Ich mag mein neues Zuhause. Nun kann ich vom Büro aus per Fernsteuerung die Heizung hochdrehen und sehen, wer vor meiner Haustür steht. Ich brauche mir keine Sorgen mehr über offene Dachfenster machen, weil sie bei Regen von alleine zugehen. Am Abend kann ich mir spontan überlegen, welchen Film ich sehen will und diesen einfach über die Sprachsteuerung auswählen und ansehen.

M 3 Technische Geräte im Haushalt der Zukunft

Pflegen: In Japan wird seit einigen Jahren intensiv an der Entwicklung von Robotern gearbeitet, die bei der Pflege von alten, kranken oder behinderten Menschen helfen. Erste Roboter sind selbstständig dazu in der Lage, Aufgaben wie Heben, Tragen oder die Gabe von Essen selbständig zu erledigen.

Heben: Sogenannte Exoskelette werden wie ein Anzug getragen und unterstützen den Menschen bei körperlichen Tätigkeiten. Dadurch werden falsche Haltungen vermieden und die Kraft des Einzelnen wird deutlich erhöht. Ein Mensch kann dann z.B. das Zehnfache seiner normalen Muskelkraft leisten. Solche Geräte werden schon in vielen Betrieben in der Herstellung und im Lager eingesetzt.

Ein Arbeiter trägt ein Exoskelett.

1 Erläutere zu den Beispielen aus M1 was sich hier jeweils für den Menschen durch den technischen Fortschritt verändert hat.

2 Was muss ein Mensch können, um moderne Geräte im Haushalt nutzen zu können? Tipp: In M2 findest du einige nützliche Gedanken.

3 M Sammle Vor- und Nachteile der Nutzung moderner technischer Geräte, wie du sie in M1 findest.

4 Sprecht in der Klasse über die neuen Möglichkeiten, die Exoskelette oder Pflegeroboter für dich zuhause in Zukunft bieten könnten (M3).

Bist du startklar?

1 **a** Befrage das jüngste und das älteste Mitglied deiner Familie, welche technischen Geräte sie in ihrem Alltag regelmäßig zu Hause nutzen. Lege dazu eine Tabelle nach dem Vorbild unten an und ergänze weitere Spalten mit interessanten Bereichen.
b Fülle die Tabelle mit deinen Befragungsergebnissen.
c Vergleiche deine Ergebnisse zu beiden Familienmitgliedern. Was fällt auf?

Opa

Gerät	Nutzungsdauer	Nutzungshäufigkeit	Nachteile	Vorteile	...?
Espresso-maschine	5 Min.	2x morgens, abends	schwer zu reinigen	...?	...?
Gasherd	45 Min	2x täglich	heizt den Raum mit	...?	...?
...?	...?	...?	...?		...?

Meine Schwester

Gerät	Nutzungsdauer	Nutzungshäufigkeit	Nachteile	Vorteile	...?
Mikro-welle	5 Min.	2x abends, mittags	Fleisch wird zäh	schneller als Herd	...?
Wasser-kocher	5 Min	1x morgens	laut	schneller als Herd	...?
...?	...?	...?	...?		...?

2 Stelle dir vor, du bist Verkäuferin oder Verkäufer eines technischen Haushaltsgerätes in einem Warenhaus.
a Wähle dir selbst ein interessantes Haushaltsgerät aus.
b Bereite dich gut auf ein Verkaufsgespräch vor. Tipp: Versuche den Nutzen und die Vorteile des Gerätes klar herauszustellen.
c Spielt das Verkaufsgespräch im Rollenspiel.

3 **a** Jeder kann bereits bei der Auswahl und dem Kauf seiner Geräte im Haushalt etwas für die Umwelt tun. Entwirf hierzu einen Flyer als Ratgeber mit sinnvollen Tipps.

b Vergleiche deinen Entwurf mit denen deiner Mitschülerinnen und Mitschülerinnen.

c Fügt eure besten Ideen und Tipps zu einem gemeinsamen Flyer zusammen.

d Überlegt, wo ihr diesen Ratgeber verteilen könntet.

4 **a** In der Klasse 7 gibt es unterschiedliche Meinungen zum Thema Technik im Haushalt. Bestätige oder widerlege die fünf Behauptungen.

b Formuliere selbst zwei solche Behauptungen zum Thema Technik im Haushalt, die stimmen.

Geräte der Energieeffizienzklasse C sind besonders schonend für unsere Umwelt.

Alte Geräte weiter zu nutzen ist sinnvoller als neue Geräte anzuschaffen.

Neue Technik im Haushalt macht unseren Alltag immer komplizierter.

Geräte der Energieeffizienzklasse A werden nur aus recycelten Rohstoffen hergestellt.

Wer sich mit Smartphones nicht auskennt, wird sich im Haushalt zukünftig nicht mehr zurechtfinden.

Diagramm erstellen

Häufig werden die Ergebnisse von Umfragen in Schaubildern dargestellt. Beispiel: „Wie viel Taschengeld bekommen die Kinder in der Klasse 7b?“

1. Schritt: Eine Urliste erstellen

Führe eine Umfrage durch und schreibe auf, welchen Betrag jeder befragte Schüler genannt hat: 10 €, 22 €, 17 € ...

2. Schritt: Eine Strichliste erstellen

a) Schreibe alle Beträge, die genannt wurden, in die erste Zeile einer Tabelle. Beginne mit dem kleinsten Betrag.

b) In die zweite Zeile machst du einen Strich für jeden Schüler, der den jeweiligen Betrag genannt hat. Jeweils fünf Striche werden zu einem Päckchen zusammengefasst.

Taschengeld pro Monat in der Klasse 7b	10 €	15 €	16 €	17 €	18 €	20 €	22 €	...
Anzahl der Schüler	II	III	I	~~IIII~~	II	III	~~IIII~~ I	...

3. Schritt: Eine Häufigkeitsliste erstellen

Ergänze unter der Strichliste eine Zeile. In jedes Feld der neuen Zeile schreibst du in Zahlen, wie viele Schüler den Betrag genannt haben.

Taschengeld pro Monat in der Klasse 7b	10 €	15 €	16 €	17 €	18 €	20 €	22 €	...
Anzahl der Schüler	II	III	I	~~IIII~~	II	III	~~IIII~~ I	...
Anzahl der Schüler	2	3	1	5	2	3	6	...

4. Schritt: Das Diagramm erstellen

a) Finde eine passende Überschrift für dein Diagramm, z.B. Wie viel Taschengeld pro Monat erhalten die Kinder der 7b?

b) Anzahl der Balken: Bei der Umfrage haben die Schüler sieben verschiedene Beträge zwischen 10 und 22 € genannt. Du musst in dem Diagramm also sieben Balken zeichnen. Du weiß jetzt auch, dass das Diagramm sieben Zentimeter hoch wird. Oben und unten gibst du jeweils einen Zentimeter dazu.

c) Länge der Balken: In dem Beispiel siehst du, dass die meisten Kinder 22 Euro Taschengeld pro Monat bekommen. Wenn du pro Kind einen Zentimeter zeichnest, weißt du, dass der längste Balken sechs Zentimeter lang sein wird.

d) Zeichne die Balken untereinander, beginne mit dem niedrigsten Betrag.

e) Beschrifte die Balken und die Achse. Schreibe neben jeden Balken, welchen Taschengeldbetrag die Kinder jeweils bekommen. Damit man weiß, dass jeder Zentimeter einem Kind entspricht, machst du nach jedem Zentimeter einen kleinen Strich und schreibst die Anzahl der Schüler darunter. Unter den Pfeil schreibst du „Kinder“.

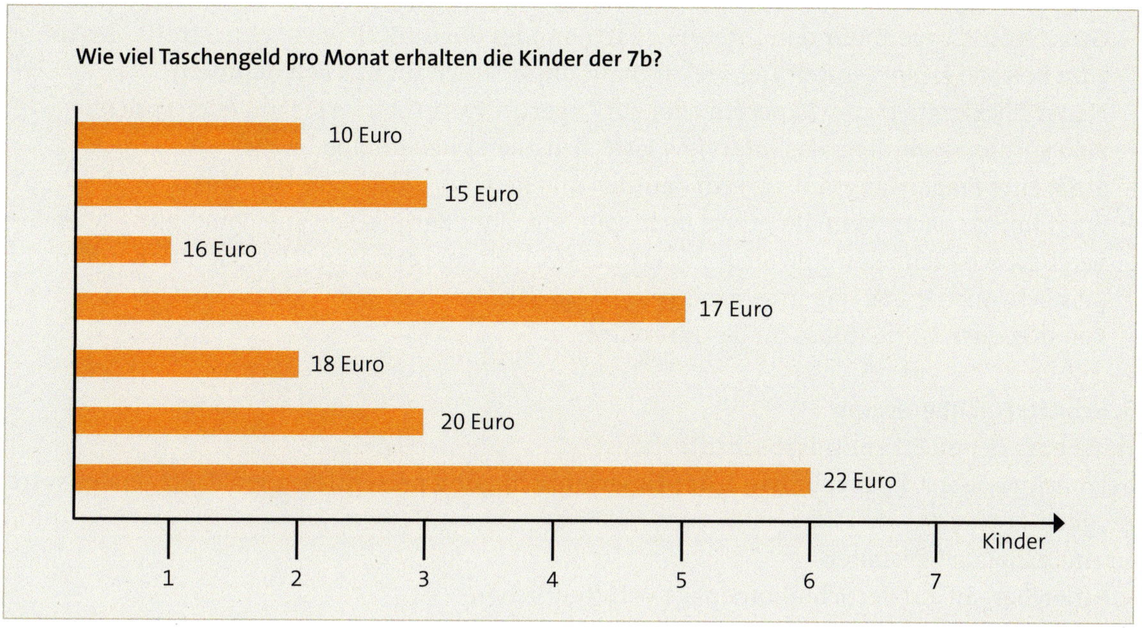

Ein Experteninterview planen und durchführen

Experten sind Fachleute, die wegen ihres Berufes oder aus Interesse über ein Thema besonders viel wissen. Ein Experteninterview ist eine Erkundungsmethode. Wenn du einen Experten zu einer bestimmten Sache direkt befragst, erfährst du viel Neues.

Die Expertenbefragung kann so ablaufen:

Einzelbefragung	schriftliche Befragung	vorgefertigte Fragen
oder	**oder**	**oder**
Gruppenbefragung	mündliche Befragung	spontane Fragen

1. Schritt: Vorbereitung

Plant euer Experteninterview:

- Welchen Experten könntet ihr befragen? Denkt an Bekannte, Verwandte, usw.
- Ruft den Experten oder die Expertin an, um zu fragen, ob und wo das Interview stattfinden kann.
- Besorgt euch Informationen über das Thema, zu dem ihr etwas genau wissen wollt.
- Bereitet in der Klasse passende Fragen vor.
- Besprecht, wer welche Fragen stellt.
- Klärt, wer die Antworten notiert.

2. Schritt: Durchführung

Stellt dem Experten oder der Expertin eure Fragen:

- Nehmt alles mit, was ihr für die Befragung braucht: Interviewfragen, Stift, Block, Fotoapparat, ...

- Grüßt höflich, wenn ihr den Interviewpartner oder die Interviewpartnerin trefft. Ihr könnt zum Beispiel sagen: „Guten Tag, vielen Dank, dass Sie sich für uns Zeit nehmen!“
- Haltet Blickkontakt zum Experten oder zur Expertin, wenn er oder sie mit euch spricht.
- Seid aufmerksam, denn das Interview lässt sich nicht wiederholen.
- Stellt eure Fragen langsam, sprecht deutlich und laut.
- Fragt immer nach, wenn ihr etwas nicht versteht. Zum Beispiel so: „Entschuldigung, aber das verstehe ich nicht. Könnten Sie mir das bitte noch einmal erklären?“ Das ist überhaupt nicht peinlich. Auch Profis fragen so nach.
- Bedankt euch zum Schluss für das Interview.

3. Schritt: Nachbereitung

Halte eure neuen Erkenntnisse schriftlich fest.
Besprecht, wie ihr die Ergebnisse eurer Expertenbefragung präsentieren wollt. Folgendes wäre möglich:
- ein Lernplakat gestalten
- einen Bericht auf der Schulhomepage veröffentlichen
- einen Beitrag für die Schülerzeitung verfassen

Fragebogen erstellen

So erstellst du einen guten Fragebogen.

1. Schritt: Überlege genau

Was möchte ich mit meinen Fragen erfahren?
An wen stelle ich die Fragen (Zielgruppe)?
Die Sprache muss an die Zielgruppe angepasst werden. Es ist ein Unterschied, ob du z. B. einen Gleichalten befragst oder einen Erwachsenen.

2. Schritt: Richtige Fragen finden

Informiere dich zuerst über das Thema, zu dem du etwas wissen möchtest.
Schreibe dann die Fragen auf. Überprüfe mit einem Partner, ob die Fragen verständlich sind.
Es gibt zwei Arten von Fragen.

Geschlossene Fragen: Die Antworten sind vorgegeben, der Befragte kann auswählen.

1. Bekommst du Taschengeld? ☐ Ja ☐ Nein

2. Was kaufst du dir vom Taschengeld?
Was zum Essen ☐
Was zum Lesen ☐
Was zum Spielen ☐
Sonstiges ☐

Offene Fragen: Es ist offen, wie die Antwort auf die Frage ausfällt. Du musst die Antwort selber aufschreiben, die dir der Befragte sagt.
Bring die Fragen in eine gute und sinnvolle Reihenfolge.

1. Was kaufst du dir am liebsten?
   Ich kaufe mir am liebsten Kaugummi
2. Wofür gibst du besonders viel Geld aus?
   Für Kinobesuche

3. Schritt: Sorgfältig gestalten

Erstelle auf einem DIN-A4-Blatt einen übersichtlichen Fragebogen, auf dem du die Antworten deiner Mitschüler eintragen kannst. Lass viel Platz für die Antworten.

Seren, Klasse 7b 10.10.2019

Befragung zum Thema Geld

1. Wie alt bist du?
   13 Jahre
2. Wie viel Geld hast du im Monat zur Verfügung?
   25 Euro
3. Warum braucht man Geld?
   Damit man sich Dinge kaufen kann.
4. Was kann man alles mit Geld machen?
   ausgehen, verschenken, spenden, sparen
5. Wie bekommst du Geld?
   Taschengeld von den Eltern
6. Wofür sparst du Geld?
   Für eine Konzertkarte
7. Welchen Rat zum Thema Geld kannst du geben?
   Man muss sparsam sein.

4. Schritt: die Befragung

Befrage deine Mitschüler. Bei jeder Befragung kommt es immer wieder vor, dass etwas nicht sofort klar ist. Deshalb ist es notwendig auch mutig zu sein und nachzufragen. Nachfragen ist also erlaubt.
Zum Beispiel so: „Ich habe das nicht genau verstanden.“ oder „Könntest du dies noch einmal wiederholen.“

5. Schritt: Auswertung

Schreibe die Ergebnisse deiner Fragen in wenigen Sätzen zusammenhängend auf.

Kompetenzstern

Hier siehst du einen ausgefüllten Kompetenzstern. Er hilft dir dabei deine Stärken und Schwächen zu erkennen. In der folgenden Anleitung lernst du wie du damit umgehen musst.

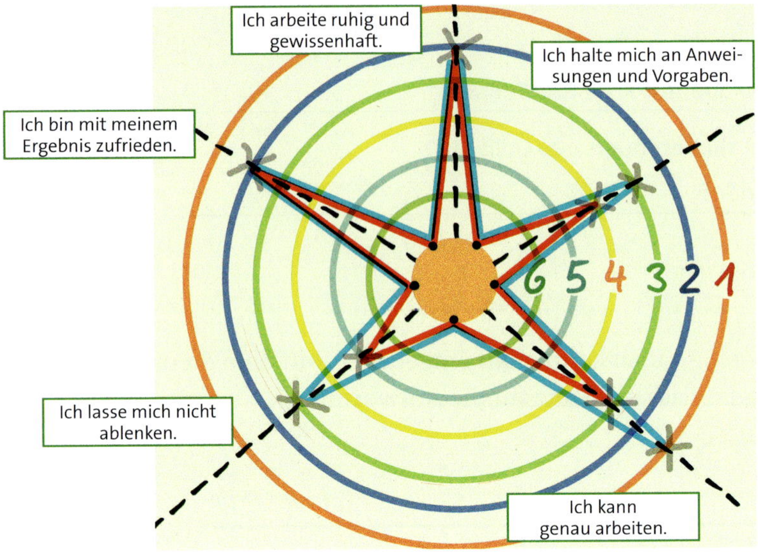

1. Schritt: Vorbereitung

Die Vorlage für deinen Kompetenzstern bekommst du von deinem Lehrer oder deiner Lehrerin.

Du brauchst:

- Vorlage für Kompetenzstern
- Buntstifte
- bunte Filzstifte
- Lineal, Bleistift und Radiergummi

Alles da?

Dann geht's weiter.

2. Schritt: Selbsteinschätzung

In den Kästchen rund um deinen Kompetenzstern stehen verschiedene Eigenschaften. Überlege dir zunächst, wie diese auf dich zutreffen. Die Einschätzung geht folgendermaßen:
1 – das trifft immer voll zu, 2 – das trifft zu, 3 – das trifft oft zu, 4 – das trifft manchmal zu, 5 – das trifft meistens nicht zu, 6 – das trifft gar nicht zu

Fange mit der ersten Eigenschaft an. Markiere auf der gestrichelten Linie deine Einschätzung mit einem Kreuz.

Verfahre mit den anderen Eigenschaften genauso.

Ziehe mit einem Lineal von deinen eingezeichneten Punkten Linien zur Markierung auf dem dick gedruckten Kreis in der Mitte.

Wenn du alles richtig verbunden hast, ist ein Stern mit unterschiedlich langen Zacken entstanden. Fahre den Stern mit einem Farbstift nach.

3. Schritt: Fremdeinschätzung

Nun soll ein anderer deine Fähigkeiten einschätzen. Er muss die gleichen Schritte machen wie du bei Schritt 2. Verwendet zum Nachfahren eine andere Farbe.

4. Schritt: Auswertung

Betrachte deine beiden Sterne mit deiner Partnerin oder deinem Partner. Besprecht die Unterschiede.

So könnte das aussehen: „Du hast mir eine Zwei bei ... gegeben, obwohl ich mir da eine Vier gegeben habe." – „Ich finde du machst das immer so gut, weil ..."

Du kannst die Zacken deines Sterns nun mit Buntstiften gestalten.

Meinungslinie

Mit einer Meinungslinie könnt ihr in der Klasse herausfinden, welche Meinung bei euch zu einem Thema vertreten wird. Und ihr könnt die Argumente dazu austauschen.

1. Schritt

Zuerst überlegt jeder für sich, wie er die Frage beantworten würde. Anschließend besprecht ihr euch mit eurem Nachbarn. Beachtet dabei: Ihr müsst eine Meinung haben und ihr müsst sie auch begründen können.

2. Schritt

Legt ein Seil auf den Boden. An das eine Ende des Seils legt ihr eine Wortkarte, auf der steht: „Ja, ..."

An das andere Ende der Linie legt ihr eine Wortkarte auf der steht: „Nein, ..."

3. Schritt

Jetzt stellt ihr euch auf der Linie auf. Wer für „Ja" ist, stellt sich zum einen Ende der Linie. Wer „Nein" vertritt, stellt sich auf die andere Seite. Man kann sich auch zwischen die beiden Enden stellen, wenn man weder der einen noch der anderen Meinung zustimmt. Wichtig ist: Du musst deine Meinung begründen können!

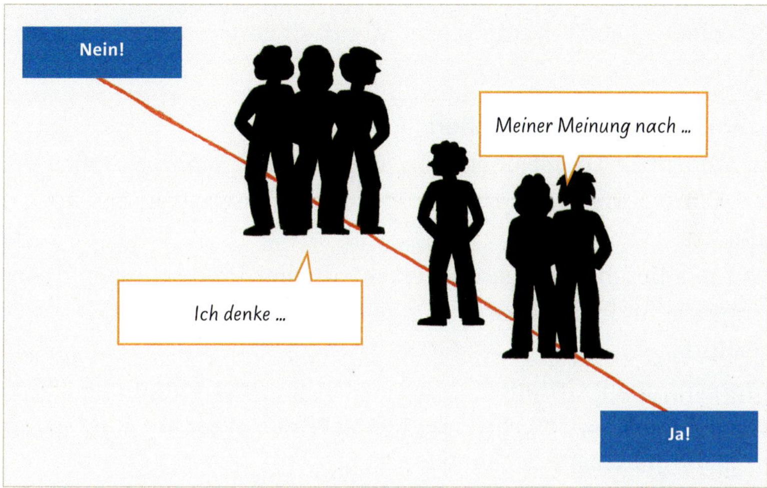

Pro- und Kontra-Tabelle

Diese Methode bietet eine gute Übersicht über die Begründungen, die für (pro) oder gegen (kontra) etwas sprechen.

1. Schritt

Bereitet eine Tabelle vor. Die Überschrift über der Tabelle ist die Fragestellung. Die Tabelle hat zwei Spalten: Links werden alle Pro-Argumente aufgelistet, rechts alle Kontra-Argumente.

2. Schritt

Jetzt sollst du die in einem Text enthaltenen Pro- und Kontra-Argumente finden und markieren. (Achtung: Markiere nichts im Schulbuch!). Dafür verwendest du zwei Farben. Mit grün markierst du alle Begründungen, die dafür sprechen (Pro-Argumente). Die Kontra-Argumente markierst du rot.

3. Schritt

Tausche dich mit deinem Nachbarn aus. Habt ihr beide die gleichen Textstellen markiert? Fallen euch noch weitere Argumente ein, die nicht im Text stehen?

4. Schritt

Gestaltet in der Klasse eine Pro- und Kontra-Tabelle, z.B. auf einem Plakat. Diskutiert die einzelnen Argumente. Welche treffen deiner Meinung nach zu? Welchen kannst du nicht zustimmen?

Punkteabfrage

Mit einer Punktabfrage könnt ihr feststellen, welche Meinung in eurer Klasse am häufigsten vertreten ist.

1. Schritt

Auf ein Plakat schreibt ihr als Überschrift die Frage, die beantwortet werden sollte. Zum Beispiel: „Wollen wir das Deutsche Museum besuchen – ja oder nein?" Unter der Überschrift teilt ihr das Blatt in zwei Hälften ein. Die linke Hälfte ist die Ja-Seite, die rechte Hälfte ist die Nein-Seite.

2. Schritt

Jeder Schüler bekommt einen Klebepunkt. Wer die Frage mit „Ja" beantwortet, klebt einen Punkt auf die linke Seite. Wer mit „Nein" antwortet, klebt den Punkt auf die rechte Seite.

3. Schritt

Auf welche Seite wurden die meisten Punkte geklebt? Wie hat sich die Mehrheit in eurer Klasse entschieden? Habt ihr mit dieser Mehrheit gerechnet oder überrascht euch das Ergebnis?

Technik-Produkte vergleichen

Du solltest dir zuerst überlegen, welche Eigenschaften eines Produkts dir besonders wichtig sind. Dann prüfe, welches Produkt diese Eigenschaften und auch den passenden Preis hat.

1. Schritt

Sammele Beschreibungen unterschiedlicher Produkte aus Prospekten oder dem Internet und bringe sie mit in die Klasse.

2. Schritt

Besprecht in der Gruppe für euch wichtige Eigenschaften – z.B. eines Kopfhörers: Farbe, Aussehen, Preis, Größe, Gewicht ... Legt dazu eine Tabelle an. Tragt vier bis sechs wichtige Eigenschaften in die erste Zeile der Tabelle ein.

3. Schritt

Wählt die Produkte aus, die verglichen werden sollen und tragt die Bezeichnungen in die Tabelle ein.

4. Schritt

Vergleicht die Eigenschaften der unterschiedlichen Produkte. Jeder vergibt hierfür zwischen 1 und 10 Punkte (1 Punkt = schlecht; 10 Punkte = sehr gut).

5. Schritt

Zähle alle Punkte der einzelnen Produkte zusammen. Stelle fest, welches Produkt die meisten Punkte erreicht hat.

Produktname	Gewicht	Aussehen	Preis	...	Summe
Produkt A	3	6	1	1	11
Produkt B	4	6	...	5	...

Begriffe	Erklärung
Angebot	Menschen bieten Waren oder Dienstleistungen an, die andere kaufen möchten.
Arbeit	Arbeit ist verschieden. Es gibt Erwerbsarbeit für die man Geld bekommt. Es gibt Nichterwerbsarbeit, wie Hausarbeit, für die man kein Geld erhält. Außerdem gibt es freiwillige Arbeit wie im Sportverein. Dafür bekommt man kein Geld. Man nennt diese Arbeit dann Ehrenamt. Arbeit ist immer zielgerichtet, planvoll, anstrengend, kann an verschiedenen Arbeitsorten stattfinden und wird bewusst ausgeführt.
Arbeitsformen	Arbeit kann sein: körperlich, geistig, gelernt, ungelernt, schöpferisch, ausführend, leitend
Arbeitsplatz	Der Platz, an dem man seine Arbeit verrichtet. Beispiele: Der Arbeitsplatz eines Verkäufers ist in einem Geschäft, der einer Bäckerin ist in einer Backstube.
Arbeitsplatzmerkmale	Arbeitsort; Arbeitsmittel; Arbeitszeit und Arbeitsdauer; Arbeitsaufgabe und Tätigkeiten; Arbeitsbedingungen
Ausbildung	Bei einer Ausbildung lernt man etwas, um am Ende eine Bescheinigung (z. B. Zeugnis des Ausbildungsbetriebs, Berufsschulzeugnis, Gesellen- oder Facharbeiterbrief) über die erfolgreiche Ausbildung zu erhalten. Man kann in Betrieben und Berufsschulen, an Fachschulen oder Hochschulen eine Ausbildung machen.
Ausbildungsberufe	Berufe, die man erlernen kann und kein Studium benötigt. Es gibt mehr als 340 staatliche anerkannte Ausbildungsberufe. Die Inhalte der Ausbildung werden für ganz Deutschland einheitlich von Fachleuten festgelegt. Wer eine Ausbildung macht ist eine Auszubildende bzw. ein Auszubildender. Früher nannte man sie „Lehrlinge“.
Ausbildungsplatz	Platz, an dem man eine Berufsausbildung absolviert, entweder an einer Fachschule oder in einem Betrieb.
Beruf	Eine Tätigkeit, die man dauerhaft und gegen Bezahlung ausübt. Meist wird dazu eine spezielle Ausbildung benötigt. Ein Job, also eine kurzzeitige Beschäftigung, ist kein Beruf.
Berufsinformationszentrum (BiZ)	Eine Einrichtung der Agentur für Arbeit, die über alle Formen der Ausbildung informiert. Hier kann man sich jederzeit selbstständig und ohne Termin informieren. Alle Infoangebote sind kostenlos. Im Internet kann man sich über das BiZ informieren und nachschauen, wo sich das nächste BiZ befindet.
Betrieb	In einem Betrieb werden Waren hergestellt (z. B. Bäckerei) oder Dienstleistungen erbracht (z. B. Friseursalon).
Betriebspraktikum	Schülerinnen und Schüler gehen in Betriebe und Ausbildungsstätten und sammeln bei praktischer Arbeit Eindrücke und Informationen zu verschiedenen Berufen. Geld gibt es dafür nicht. Das Praktikum hilft, den Wunschberuf zu finden. Auch die Ausbildungsbetriebe profitieren: Sie lernen junge Leute kennen, die im Idealfall später ihre Auszubildenden werden können.

Begriffe	Erklärung
BGB	Das ist die Abkürzung für „Bürgerliches Gesetzbuch". In dem Buch stehen Regeln, die die Geschäftsbeziehungen der Bürger untereinander regeln.
Brainstorming	Eine Methode, mit der man zu einem Thema möglichst viele Ideen oder Lösungen sammelt. Jeder schreibt ohne langes Nachdenken möglichst viele Gedanken auf, die ihm zur Fragestellung einfallen. Die Vorschläge werden erst später sortiert und bewertet.
Bruttolohn	Der Verdienst, den der Arbeitgeber oder die Arbeitgeberin an Beschäftigte zahlt. Davon werden dann noch die Steuern und die Beiträge zur Renten-, Kranken-, Pflege- und Arbeitslosenversicherung abgezogen. Das, was Beschäftigte auf ihr Konto überwiesen bekommen, heißt Nettolohn.
Collage	Eine Kunstform, bei der aus vielen kleinen Elementen (z.B. Bildern, Stoffen, Zeitungsausschnitten) etwas Neues geschaffen wird.
Dienstleistung	Eine Arbeit, bei der keine materiellen Güter produziert werden. Die Ergebnisse dieser Arbeit kann man nicht lagern. Gearbeitet wird an Menschen (z.B. beim Friseur oder Arzt) oder an Sachen (z.B. in einer Autowerkstatt oder im Büro).
Einkommen	Der Verdienst durch Erwerbsarbeit.
Einkommenshöhe	Die Höhe des Einkommens hängt von vielen Faktoren ab. Entscheidend sind der Bildungsabschluss, die Branche, die Größe des Betriebs und das Geschlecht. Frauen verdienen in Deutschland in vielen Berufen immer noch weniger als Männer.
Einzelhandel	Unternehmen, die Waren verschiedener Hersteller beschaffen und an ihre Kunden verkaufen. Die Waren werden entweder in einem Laden, auf einem Marktstand oder per Versand (Onlinehandel) angeboten.
Erwerbsarbeit	Das ist bezahlte Arbeit in einem Betrieb, einer Behörde oder die von Selbstständigen. Der Erwerbstätige bekommt Geld für seine Arbeit.
Fremdeinschätzung	Andere Menschen sehen einen anders, als man sich selbst sieht. Das Bild, das andere von einem haben, nennt man Fremdeinschätzung.
Geselle/Gesellin	Das ist jemand, der seine Berufsausbildung in einem Handwerksberuf erfolgreich abgeschlossen hat.
Handwerk	Zum Handwerk zählen in Deutschland 150 verschiedene Gewerbe: z.B. Metall und Elektro, Bau- und Ausbau, Gesundheits- und Körperpflege, Reinigung, Holz, Nahrungsmittel, Glas, Papier, Keramik, Bekleidung, Textil, Leder. Die Handwerksbetriebe bieten eine große Zahl von Ausbildungsstellen an.
Haushalt	Wenn Personen zusammen leben und eine Gemeinschaft bilden, spricht man von einem Haushalt. Die Mitglieder eines Haushalts müssen nicht verwandt sein. Die notwendigen Arbeiten werden gemeinschaftlich geregelt. Es gibt heute auch zahlreiche Einpersonenhaushalte (Single-Haushalt).

Begriffe	Erklärung
Induktionskochfeld	Im Kochfeld liegt unter der Glaskeramikplatte eine Spule. Durch die Spule fließt ein starker Strom, der ein Magnetfeld erzeugt. Der Fachbegriff dazu lautet Induktion. Wenn man so ein Kochfeld benutzt, wird der Boden eines Eisentopfes durch das Magnetfeld erhitzt. Man darf auf diesen Kochfeldern nur dafür geeignete Töpfe und Pfannen verwenden.
Jugendarbeitsschutzgesetz	Dieses Gesetz schützt alle, die noch nicht 18 Jahre alt sind, eine Berufsausbildung machen oder einer Beschäftigung nachgehen. Auch Jobben und die Ferienarbeit von Schülern sind in diesem Gesetz geregelt.
Kinderarbeit	Kinderarbeit ist in der Bundesrepublik Deutschland verboten. Gesetze regeln, welche Beschäftigungen Kinder in welchem Alter ausüben dürfen. Die Hilfe bei der Hausarbeit gilt nicht als Kinderarbeit und ist nicht verboten. Insbesondere in armen Ländern ist Kinderarbeit weit verbreitet.
Kinderarbeitsschutzverordnung	Dieses Gesetz soll verhindern, dass Kinder in Deutschland ausbeuterisch beschäftigt oder wegen ihrer Arbeitstätigkeit in ihrer Entwicklung beeinträchtigt werden.
Kosten	Jeder Betrieb verursacht Kosten. Dazu zählen die Ausgaben für die Bereitstellung und Ausstattung von Arbeitsräumen und Arbeitsmitteln. Auch die Kosten für das Personal gehören dazu.
Lebensunterhalt	Alles, was man benötigt, um sich eine Wohnung, Kleidung, Nahrung und alles andere, was man zum Leben benötigt, leisten zu können.
Lebensstandard	Bezeichnung für den wirtschaftlichen Wohlstand in einem Land. Je höher das Einkommen ist, desto höher ist der Lebensstandard, weil man sich mehr leisten kann.
Markt	Ort, an dem Waren gehandelt werden. Es gibt die verschiedensten Märkte. Auf einem Markt treffen Angebot und Nachfrage nach Waren oder Dienstleistungen aufeinander. Durch ein Tauschmittel (bei uns Geld – also Euro und Cent) kann man auf dem Markt den Wert einer Ware oder Dienstleistung bestimmen. Märkte sind eine uralte Erfindung und es gibt sie schon seit vielen tausend Jahren. Der Markt war der ideale Ort, um Dinge auf friedlichem Wege zu bekommen, die man selbst haben wollte, aber nicht herstellen konnte.
Multifunktionsgerät	Diese Geräte verfügen, wie ihr Name schon sagt (multi = viele), über zahlreiche Funktionen. Es gibt sie in den unterschiedlichsten Bereichen, so z. B. als Smartphone, Drucker, Küchengerät oder auch Werkzeug für die Hosentasche. Sie sind besonders praktisch, da sie viele einzelne Geräte ersetzen.
Nachfrage	Menschen möchten Waren oder Dienstleistungen erwerben, die sie nicht selbst herstellen oder erbringen können.
Nettolohn	Das Einkommen, das einem Beschäftigen zur Verfügung steht, um den Lebensunterhalt zu bestreiten.
Preis	Der Preis bringt Angebot und Nachfrage von Waren oder Dienstleistungen ins Gleichgewicht. Der Anbieter will so viel wie möglich verdienen, der andere will so wenig wie möglich bezahlen.

Begriffe	Erklärung
Recycling	Wiederverwertung von Abfällen; Beispiel: Aus alten Glasflaschen werden neue Glasflaschen hergestellt.
Selbsteinschätzung	Das ist das Bild, das man von sich selbst hat. Dazu zählt die Einschätzung, was man gut kann. Der Gegensatz ist die Fremdeinschätzung durch andere Personen.
Selbstständigkeit	Erwerbstätigkeit ohne von einem Arbeitgeber abhängig zu sein. Es gibt Selbstständige, die allein die Arbeit verrichten, andere beschäftigen Angestellte.
Supermarkt	Ein großes Einzelhandelsgeschäft, in dem es Lebensmittel, Genussmittel, Drogerieartikel und andere Waren für den täglichen Bedarf gibt. Die Kunden bedienen sich selbst in den Regalen und bezahlen vor dem Verlassen des Geschäfts an der Kasse. Die Supermärkte lassen sich nach der Anzahl der angeboten Waren unterscheiden: Manche bieten nur 1000 Artikel (Discounter) andere über 40 000 Artikel.
Tätigkeitsbereich	Umfasst mehrere Berufe aus einem Bereich. Anhand der Tätigkeitsbereiche können Jugendliche sich einen Überblick verschaffen, welche Berufe ihren Interessen entsprechen.
Technik	Technik sind von Menschen gemachte Geräte, Apparate oder Maschinen. Sie helfen den Menschen und erleichtern den Alltag in verschiedenen Bereichen.
Technischer Wandel	Er erfolgt durch Erfindungen. Die Technik entwickelt sich weiter, wird besser und leistet mehr. Damit verändern sich Arbeitsweisen (z. B. durch automatische Maschinen wie den Roboterrasenmäher) oder Verhaltensweisen (z. B. durch die Nutzung des Smartphones). Der technische Wandel kann außer Vorteilen auch Nachteile wie Umweltschäden oder Arbeitsplatzverluste mit sich bringen.
Teufelskreis	Eine scheinbar aussichtslose Lage, die durch eine Folge einander bedingender Geschehnisse entsteht.
UNICEF	Die Abkürzung steht für United Nations Children's Fund. Das Kinderhilfswerk der Vereinten Nationen setzt sich weltweit für Kinder in Not ein und kämpft für die Rechte von Kindern. UNICEF fördert die Schulbildung in armen Ländern, hilft Flüchtlingen, leistet medizinische Versorgung und Nothilfe bei Krisen.
Ungelernte Arbeit	Arbeit, bei der keine Berufsausbildung notwendig ist, um sie auszuüben. Meist sind diese Tätigkeiten nicht gut bezahlt.
Wirtschaftssektor	Ein Bereich der Wirtschaft (von lateinisch Sektor: Bereich). Die Sektoren werden unterschieden in den primären Sektor (der zuerst vorhandene), den sekundären Sektor (an zweiter Stelle stehend) und den tertiären Sektor (an dritter Stelle stehend). Der primäre Bereich wird auch als Urproduktion bezeichnet. Dazu zählen Landwirtschaft, Fischerei, Forstwirtschaft und Bergbau. Der sekundäre Bereich umfasst das produzierende Gewerbe, das etwas herstellt. Dazu zählen die Industrie, das Handwerk und Baugewerbe sowie die Energie- und Wasserversorgung. Der größte Bereich ist heute der tertiäre Sektor. Dazu zählt alles, was nicht zu den ersten beiden Bereichen gehört.

Fotos

Cover dpa Picture-Alliance/Bildagentur-online; **4/5** Cornelsen/Kirsten Fricke; **14/15** Westend61/ Getty Images; **16 M1 li. ob.** © Ingram Image/FOTOFINDER.COM; **16 M1 li. un.** mauritius images/ studiodiezwei; **16 M1 re. ob.** panthermedia/Andriy Popov; **16 M1 Mi.** shutterstock.com/sylv1rob1; **16 M1 re. un.** shutterstock.com/belushi; **17** www.allover.cc/MEV; **18 M2** Halfdark/fStop Images/ FOTOFINDER.COM; **18 M3** © Copyright BMW AG, München (Deutschland). Alle Rechte vorbehalten./www.guenterschmied.com; **19 M4** panthermedia/Fabrice Michaudeau; **19 M5** shutterstock. com/Studio Romantic; **19 M6** dpa Picture-Alliance/dpa Themendienst/Caroline Seidel; **22 re.** panthermedia/Kati Neudert; **23** shutterstock.com/goodluz; **26 M1** Cornelsen/ Peter Wirtz; **28 li.** shutterstock.com/MSSA; **28 ob.** Your Photo Today/allover/MEV; **28 M2** shutterstock.com/Adisak Panongram; **29 M3** shutterstock.com/icedea; **29 M5** shutterstock.com/pixelliebe; **33** shutterstock.com/ icedea; **34/35** Cornelsen/ Peter Wirtz; **36 li. ob.** action press/Bildstelle/REX Features; **36 li. 2.v.ob.** LJM Photo/Design Pics/FOTOFINDER.COM; **36 li. un.** shutterstock.com/Monkey Business Images; **36 re. ob.** imago stock&people/McPHOTO; **36 re. un.** ddp images/Monkey Business 2/Sho; **38 u. 39** Cornelsen/Silke Schrauth; **40 M2** ddp images/Gerit Borth/dapd; **47 Mi. li.** Shutterstock.com/Blend Images; **47 ob. re.** shutterstock.com/Asia Images Group; **48 M3** © Hans-Böckler-Stiftung 2013; **50** shutterstock.com/Monkey Business Images; **52/53** Cornelsen/Hans Hlavacek; **54 M1 ob.** GlowImages/ImageBROKER RF; **54 M1 un.** shutterstock.com/sheff; **54 M2** IW Medien/ iwd; **60** Kaufland; **61 li. ob.** shutterstock.com/WAYHOME studio; **61 li. un.** shutterstock.com/AJR_photo; **61 re.** shutterstock.com/goodluz; **62** Zörner/Rheinische Post Medien GmbH; **66 M1** shutterstock.com/Volker Rauch; **67 M5** © Felix Götzendorfer (2018)/AWS IBW (www.aws.ibw.at); **68** Cornelsen/Hans Hlavacek; **70/71** Cornelsen/ Peter Wirtz; **72 M1** F1online/Image Source; **73 ob.** shutterstock.com/goodluz; **73 un. u 74 li.** Cornelsen/ Peter Wirtz; **74 re.** shutterstock.com/Sergey Dobrydnev; **76 M1 ob. li.** shutterstock.com/sanneberg; **76 M1 ob. re.** shutterstock.com/Cultura Motion; **76 M1 un. li.** shutterstock.com/DGLimages; **76 M1 un. re.** shutterstock.com/Monkey Business Images; **77 M3 ob. li.** Shutterstock.com/industryviews; **77 M3 ob. re.** shutterstock.com/Fotokostic; **77 M3 un. li.** shutterstock.com/sculpies; **77 M3 un. re.** OKAPIA KG/imagebroker/Jochen Tack; **81 alle** Cornelsen/Kirsten Fricke; **82 ob.** shutterstock.com/Djomas; **82 Mi.** shutterstock.com/Monkey Business Images; **82 un.** shutterstock.com/eurobanks; **83 ob.** shutterstock.com/goodluz; **84/85** panthermedia/Andriy Popov; **85 un. re.** Caro/Eckelt/FOTOFINDER.COM; **86 M1** Your Photo Today/John Powell; **86 M2 Mi. li.** www.colourbox.de; **86 M2 ob. re.** F1online/Free Imagination; **86 M2 un. re.** mauritius images/alamy stock photo/CW Images; **87 M3 ob.** ddp images/Henry Smits-Bode; **87 M3 Mi.** mauritius images/alamy stock photo/Hugh Threlfall; **87 M3 un.** www.coulorbox.de/Achim Prill; **88 M1** Your Photo Today/ Axel Leschinski; **88 M2 li.** shutterstock.com/Hurst Photo; **88 M2 re. u. 89 M3** Cornelsen/ Peter Wirtz; **90 li. ob.** shutterstock.com/Scanrail1; **90 li. Mi.** Robert Bosch GmbH; **90 re. ob.** shutterstock.com/csivasz; **90 Mi. ob.** shutterstock.com/addillum; **90 li. un.** www.coulorbox.de; **90 re. Mi.** shutterstock.com/Levent Konuk; **90 re. un.** shutterstock.com/Spantomoda; **92 M1** Vorwerk Thermomix®; **94 M1** imago stock&people/Waldmüller; **95 M3** © Europäische Kommission; **96 li. ob.** shutterstock.com/Arsel Ozgurdal; **96 li. 2.v.ob.** www.colourbox.de; **96 li. 2.v.un.** Cornelsen/ Peter Wirtz; **96 li. un.** Visum/Jens Gyarmaty; **96 re. ob.** Miele & Cie. KG; **96 re. 2. v. ob.** shutterstock.com/ cobalt88; **96 re. 2. v. un.** shutterstock.com/OlegSam; **96 un. re.** F1online/WESTEND61; **96 re. ob.** Miele & Cie. KG; **96 re. 2. v. ob.** shutterstock.com/cobalt88; **96 re. 2. v. un.** shutterstock.com/OlegSam; **97 M3** © Copyright BMW AG, München (Deutschland). Alle Rechte vorbehalten/2016 Fred Rollison Photography;

Illustrationen

Cornelsen/Manfred Kluger: 20 M2; **Cornelsen/Natascha Welz:** 6 alle, 7 alle, 8 alle, 9 alle, 12 li u. un., 13 alle, 21 M3, 22 li., 24 un., 25 M3, 30, 31 alle, 32, 40, 42 alle, 43 alle, 47 un. re., 51 un., 55 alle, 56, 57, 58, 64 alle, 65, 69, 75 alle, 78 alle, 79, 83 un. alle, 89 M4, 90 Mi. un., 91, 93 alle, 97 M2 alle, 98 un., 99, 104; **Cornelsen/Hans Wunderlich:** 12 M1, 26 M2, 27 M3, 105

Startklar!

Wirtschaft und Beruf

Der Band wurde erarbeitet von Kirsten Fricke, Teublitz; Margit Friedlein, München; Hans Hlavacek, Augsburg; Ralf Kassirra, Tuntenhausen; Silke Schrauth, Bergrheinfeld; Stefanie Theiss, Schwanfeld

Beratung: Simone Fleischmann, Zorneding

Redaktion:	Jürgen Patner, Braunschweig
Umschlaggestaltung:	Corinna Babylon
Layout und technische Umsetzung:	Stephan Hilleckenbach, Berlin
Illustration:	Natascha Welz, Berlin; Hans Wunderlich, Berlin

www.oldenbourg.de

Die Mediencodes enthalten zusätzliche Unterrichtsmaterialien, die der Verlag in eigener Verantwortung zur Verfügung stellt.

Soweit in diesem Buch Personen fotografisch abgebildet sind und ihnen von der Redaktion fiktive Namen, Berufe, Dialoge und Ähnliches zugeordnet oder diese Personen in bestimmte Kontexte gesetzt werden, dienen diese Zuordnungen und Darstellungen ausschließlich der Veranschaulichung und dem besseren Verständnis des Buchinhalts.

1. Auflage, 1. Druck 2019

Alle Drucke dieser Auflage sind inhaltlich unverändert und können im Unterricht nebeneinander verwendet werden.

Druck: Firmengruppe APPL, aprinta Druck, Wemding

ISBN 978-3-637-01880-8 (Schülerbuch)
ISBN 978-3-637-02088-7 (E-Book)